浙江文化
基因丛书

吴越◎主编

诗之河

常山文化基因

周　洁◎编著

杭州出版社

图书在版编目（CIP）数据

宋诗之河：常山文化基因 / 周洁编著. -- 杭州：杭州出版社，2025.1. --（浙江文化基因丛书 / 吴越主编）. -- ISBN 978-7-5565-2726-7

Ⅰ. G127.554

中国国家版本馆 CIP 数据核字第 2024ER2024 号

SONGSHI ZHI HE——CHANGSHAN WENHUA JIYIN

宋诗之河——常山文化基因

周 洁 编著

策　　划	屈　皓
责任编辑	徐玲梅
责任校对	陈铭杰
装帧设计	魏君妮　卢晓明　王立超
美术编辑	王立超
责任印务	王立超
出版发行	杭州出版社（杭州市西湖文化广场 32 号 6 楼）
	电话：0571-87997719　邮政编码：310014
	网址：www.hzcbs.com
排　　版	杭州立飞图文制作有限公司
印　　刷	天津画中画印刷有限公司
经　　销	新华书店
开　　本	710mm×1000mm　1/16
印　　张	14.75
拉　　页	1
字　　数	233 千字
版印次	2025 年 1 月第 1 版　2025 年 1 月第 1 次印刷
书　　号	ISBN 978-7-5565-2726-7
定　　价	68.00 元

"浙江文化基因丛书"编委会

吴　越　叶志良　贾晓东　陈　明　孙　琳

沈　军　葛建民　缪存烈　乐　波　赵柯艳

王　俊　陆　莹　林华弟　章鹏华　盛雄生

陈贤敏　胡宏波　周　洁　胡凌凌　王军伟

柳虹羽　屈　皓　庄文新

（排名不分先后）

"浙江文化基因丛书"序

习近平总书记指出:"支撑5000多年中华文明延绵至今的,是植根于中华民族血脉深处的文化基因。"①浙江是中华文明的重要发源地之一,文化底蕴深厚,文化名人辈出。一叶红船从嘉兴南湖驶出,在时代浪潮中驭势而行;沿"唐诗之路"踏歌而行,千古诗篇回响在山水之间;还有良渚文化、宋韵文化、上山文化、黄帝文化、南孔文化、和合文化、阳明文化、丝瓷茶文化、古越文化、吴越文化……这些文化基因,共同铸就了浙江的"根"和"魂"。

2024年3月6日,浙江省文化广电和旅游厅印发《浙江省文化基因激活工程实施方案(2024—2026年)》,这是继2020年浙江省文化和旅游厅印发的《浙江省"文化基因解码工程"实施方案(试行)》《浙江省"文化基因解码工程"工作导则》和2021年8月浙江省文化和旅游厅印发的《建设文化标识推进文旅融合行动计划(2021—2025年)(试行)》之后,为更好担负起新时代新的文化使命,深入贯彻省委十五届四次全会部署,在全省实施的又一项文化基因重大工程。

① 习近平:《携手建设更加美好的世界》(2017年12月1日),人民出版社,2017年,第3页。

文化基因解码工程，是文化基因激活工程的坚实基础。文化基因，顾名思义，是指从文化形态切入，厘清其历史渊源、发展脉络、基本走向，从物质、精神、制度要素，语言和象征符号等进行分析、解码所提取的关键知识内核。文化基因解码，围绕中华优秀传统文化、革命文化和社会主义先进文化，按照3个主类、20多个亚类、约100个基本类型分别归档，确保历史年代、地理位置、流布范围等数据均记录在册，挖掘、研究、阐释优质"文化基因"，对全省文化资源进行全面梳理。这是一项集"查、解、评、用"于一体的综合性系统工程。全省开展90个县市区的文化基因解码任务，包括文化元素调查、文化基因解码评价、《文化基因解码报告》撰写、证据资料汇总保存建档等，并在此基础上建成"浙江文化基因库"。文化基因解码，起于"查"，终于"用"。"查"就是铺开"一张网"，广泛收集区域内的文化资源，作为"解"的对象。"解"重在找准四大要素，提取一组基因。四大要素是指物质要素（如原料、工具、环境等）、精神要素（如思想观念、群体性格等）、制度要素（如乡规民约、族规家规、礼节礼仪、表演技艺、创作技法等）、语言和象征符号（如方言、图形、标志、表情、动作、声音等）。通过对四大要素的分解梳理，遴选重点文化元素作为解码对象，从中提取出关键性的知识（技术）点。然后通过对选择的文化基因解码，从生命力、凝聚力、影响力、发展力四个维度进行质量评价。最终用基因塑造IP，以文旅IP开发作品、设计产品，以作品、产品点亮城市生活、赋能乡村振兴。浙江以文化基因为根、文旅融合IP为脉，打造了一条以城带乡、城乡互促的发展闭环，推动文化资源的"活化"利用，把解码成果与提高人民群众生活品质相结合,这就是"用"。以人文之美推动精神之富足,增强浙江高质量发展建设共同富裕示范区的文化自觉。

显然,文化基因是传承和创新的基石。文化基因作为一个社会文化系统的逻辑起点,是一个社会存在和进化、变革和发展的决定力量。文化基因解码就是要把社会文化系统中所表现出来的文化形态、思维方式、行动模式、礼仪符号、风俗习惯等加以还原,揭示其本初原因和底层逻辑。改革开放四十余年来,浙江出现了令人瞩目的"浙江现象",表现为快速的经济增长、蓬勃的发展活力、和谐的社会环境、显著的民生绩效。"浙江现象"源于浙江精神和浙江的文化基因。正确界定、充分挖掘浙江文化的内涵价值,解码浙江的文化基因,对于构建起有效支撑文化建设和旅游发展的"四梁八柱",推动文化建设和旅游发展各项指标持续名列全国前茅,着力建设新时代文化高地、中国最佳旅游目的地、全国文化和旅游融合发展样板地具有重要而深远的意义。

如何寻找突破口?各地在选"码"、解"码"、用"码"的整个闭环中,成立解码专项小组,构建"乡土专家+高校资源+系统人才"三方协作机制,高效推进解码工程。首批编辑出版的"浙江文化基因丛书"中汇集的富阳、南浔、南湖、绍兴、瑞安、平阳、苍南、普陀、岱山、嵊泗、定海、临海、南孔圣地、开化、常山、金华(经开区)、遂昌、云和、景宁、宁波江北等地的研究成果,正是在归纳总结、科学分析浙江文化基因的基础上,探索文化基因解码的方法和路径,同时从人类学、社会学的角度,运用现象学原理,在哲学层面进行解构、剖析,既有理论深度,又能方便应用。丛书勾勒出各地推进文化基因解码工程的概貌。成果本身的内容、方法、转化等，对各地都有很强的示范作用和借鉴意义。

可以说，"浙江文化基因丛书"中的成果，以浙江文化高质量发展为目标，以融合发展为重点，紧扣激活优秀文化基因，以文化基因的挖掘利用赋能文化事业和文旅产业发展，为我省文旅发展再上新台阶、为文化浙江建设贡献了力量。

叶志良
2024年秋于杭州

目 录

前言	001
宋诗之河	003
常山胡柚	019
招贤古渡口	035
常山西源革命纪念馆	047
《琼奴与苕郎》	061
常山喝彩歌谣	075
一门九进士	091
常山古驿	105
山茶油传统榨油技艺	117
三十六天井	131
常山贡面	143
大处古建筑群	157
方文彬故居和傥溪桥	169
洪氏斋公拳	183
常山巧石	195
万寿十六道素食制作技艺	207
"浙江文化基因丛书"后记	221

前 言

常山，地处浙闽赣皖四省要冲，是"浙西第一门户"，素有"八省通衢、两浙首站"之称，又有"千载古县、宋诗之河"之誉。常山有着深厚的历史文化底蕴，在这片美丽的土地之上，历史长河在岁月的洗礼下流淌，以喝彩歌谣为代表的传统文化在人们心中代代传承。

常山是当时钱塘江水路上的水陆转运、舟车汇集的枢纽。由此往西，翻过八十里长的古驿道，就能抵达信江流域的江西玉山而通往"八省"。赣省的米粮、名瓷，徽州的茶叶、文房四宝，福建的夏布、龙眼，两广、湖南等地的贡品杂货，大多经江西玉山到浙江常山这条"常玉古道"进入"两浙"。在常山江码头由陆路换水运，顺流逶迤至衢州、睦州（今建德）、婺州（今金华）、杭州、湖州、秀州（今嘉兴）、越州（今绍兴）、明州（今宁波）、常州、苏州、润州（今镇江）……竹篙一点，千里在望。文人商贾，络绎不绝；樯来楫往，帆影弥望。在"宋诗之河"秀丽的常山江两岸，历史的足迹随处可见。两宋时期以王安石、苏轼、米芾、赵鼎、杨万里、曾几、陆游、辛弃疾等为代表的文人学士纷至沓来，流连于常山江两岸风景绝胜处，吟诗作赋300多篇，常山江因此成为钱塘江上游一条璀璨的"宋诗之河",声名鹊起。我们怀揣着对传统文化的敬畏之心,希望通过对常山文化基因的深度挖掘和梳理,让更多人了解和认识这片土地的独特魅力。

激活常山的文化基因,在文旅融合发展上不断取得新突破,写好文旅融合、跨界拓展的文章,激发常山的文化活力,是我们打造新时代文化高地的重要举措,是滋养常山品质文化生活的特色之举,是文化力量推动县域经济发展的硬核之举。

以"文化基因+全域旅游"作为牵引龙头和核心推力,让常山的宋韵文化可感可亲,增强民众的文化认同感和向心力,做大做强研学旅游产业,形成一套行之有效、具备持续发展力的文化基因传承创新发展模式。诗里画里,常山YOU你。这是一个充满活力和魅力的地方,欢迎来常山,徜徉于"宋诗之河",游历这片秀美山川!

杨志国
2024年6月

宋诗之河

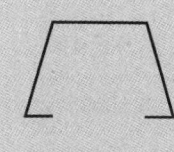

宋诗之河 常山文化基因

宋诗之河

在宋代，常山地区的宋诗（含少量词，下同）创作达到了文化高峰。目前，常山地区搜集到的宋诗已近1000首。常山江上宋代名人的足迹和动人诗句，在以"唐诗之路"著称的千里钱塘江上可谓独树一帜，常山江被称为常山文化史上的"宋诗之河"。

在两汉以前，浙江西部本是"东夷之地"。自晋代起，来自北方的常山郡人为了逃避战乱，随东晋皇室逃难到定阳县境内，并在一个适宜发展农业生产的地方聚居起来，此地后来被称为常山乡。这些来自燕赵地区的北方人带来了先进的生产技术和生产经验,使常山乡迅速兴旺发达起来。到了唐咸亨五年(674),朝廷始设常山县,将县治从原定阳县三冈(今何家乡琚家、金家一带)迁到了今常山县招贤镇古县村和古县畈村一带。唐广德二年(764),又迁县治于登丰乡(今天马街道)。至宋代,常山县已较为发达,此地佛教兴盛,寺庙众多,现今保存完好的古刹就有万寿寺、石崆寺、福田寺等,先后有著名的无相大师、桂琛禅师、了空和尚等入寺住持。

宋室南渡时期,大批名臣巨匠到来,给偏隅江南的常山带来了前所未有的文化繁荣。彼时,跟随高宗南渡的大量北方士人常到寺观寓居。宋人周密《癸辛杂识后集·许占寺院》记载:"南渡之初,中原士大夫之落南者众,高宗愍之,昉有西北士夫许占寺宇之命。"因此,众多的寺庙成为士大夫们的安身之地。其中著名的有寄居黄冈山万寿寺的"三贤",光绪《常山县志》卷十八《寺观》载:"永年寺,在县北三十里。唐大中十年建,宣宗赐额,曰容车;宋雍熙改元,更万寿罗汉寺;祥符六年,改赐今额。赵鼎、魏矼、范冲避地南来尝寓此寺。"赵鼎被《宋史》誉为"中兴贤相之首"(原文"论中兴贤相,以鼎为称首云"),在两度遭遇贬谪的日子里,他都寓居在万寿寺。赵鼎多年积极举荐人才,深孚名望,已有"文坛领袖"之称,仅在常山,其传世诗歌就有80多首。

与此同时,随着政治、经济、文化中心南移,常山成为南方诸省水陆枢纽,经贸活动空前繁荣。南来北往者中不乏文人骚客,他们目睹常山江沿岸风光,不禁诗兴大发,留下了丰富的宋诗作品。据不完全统计,历史上游历过常山并作诗的文人就有100多位,尤其以南宋时期为甚,曾几、陆游、杨万里、范成大、辛弃疾、朱熹等诗坛巨匠赫然在列。

"梅子黄时日日晴,小溪泛尽却山行。绿阴不减来时路,添得黄鹂四五声。"江西诗派的诗人曾几在游历常山三衢山时,凭借一首七言绝句《三衢道中》声名鹊起。这一绝句也是古诗中描绘衢州的知名度最高的作品。"南宋四大家"之一杨万里写过与常山相关的诗歌40余首,其中收录在《诚斋集》而流传于世的就有25首,很多常山地区古地名也常出现在他的作品中。在杨万里的这些诗中,又以写招贤渡的数量最多,其《过招贤渡》"一生憎杀招贤柳,一生爱杀招贤酒",已成为当地脍炙人口的名句。

除了游历常山江的外来文人雅客,常山本地亦学风鼎盛,人才辈出,为当地宋诗的创作提供了土壤。据光绪《常山县志·选举》载,常山在历史上总共出过132名进士,仅宋代就占了91名。常山的第一位进士、吏部尚书汪韶一族书香极盛,后辈多学有所成,创造了"一门十八进士"的传奇。章舍贤良王氏,有"一门九进士,历朝笏满床"之誉。其中,王介与当时的社会名流欧阳修、王安石、苏轼、苏辙、曾巩等人交往甚密。在嘉祐六年(1061)皇帝亲自监考的"贤良方正能直言极谏"科策试中,仅三人入选,排名为苏轼、王介、苏辙,其才气可见一斑。何家乡江氏所出的历代进士人数亦非常可观,共有19名,成为当地"一门三御史""九子十登科"的名门。南宋宰相文天祥曾为《江氏宗谱》题书"御史之家"。

如今在常山搜集到的近千首宋诗,只是其中部分精华,从中可以窥见常山宋诗的辉煌历史和深厚底蕴。为了挖掘、保护这一珍贵的文化遗产,常山县设立了"常山宋诗"研究基地和分中心,精心汇编《常山宋诗三百首》《常山宋诗一百首选注》等资料。通过探索实践,常山江"宋诗之河"建设取得了一定成效。截至2019年12月,总规划长达4420米的县城段"宋诗文化长廊"建设进展顺利,其中462米核心段工程已完工,招贤古渡的修缮初显成效,杨万里诗歌纪念馆基本竣工,常山宋诗博物馆已被纳入"三馆两中心"项目,南宋贤相赵鼎墓"忠简古冢"考古和修复工作取得重大进展。这些都有力地助推了"宋诗之河"文化的开发。

一、要素分解

（一）物质要素

1. "水陆转运、舟车汇集"的交通枢纽地

常山江古称"金川"，自古以来就是水陆转运、舟车汇集之地。作为千里钱塘江源头上的重要节点，百里常山江在千百年的历史长河中，有着深厚的人文底蕴和独特的文化魅力。宋室南渡以后，常山更是两浙连接南方诸省的重要枢纽，繁华一时。有诗云："日望金川千张帆，夜见沿岸万盏灯。"足见当时经贸之繁华。

2. 历史悠久的招贤古渡口

招贤渡在今招贤村临江处，是常山县古代十大名胜之一。渡口沿常山港北岸绵延 800 米，分上、中、下三区。上、中渡口水深，可停大舟；下渡口滩浅，可停放竹筏木排。该地是古代衢常官道水陆转换处，也是衢州地区经过芳村溪前往淳安县的转折点，交通位置十分重要，历朝都在此设置官渡和招贤汛（汛即汛地，明清时军队驻防地段）。光绪《常山县志·古迹》载："晋信安旧治，在县东常山乡招贤下，今名古县坂。"可见招贤渡一带在晋代已成聚落。南宋时期，陆游与杨万里两位大诗人分别作诗于常山招贤古渡，陆游的《晚过招贤渡》诗曰："老马骨巉然，虺隤不受鞭。行人争晚渡，归鸟破秋烟。湖海凄凉地，风霜摇落天。吾生半行路，搔首送流年。"杨万里的《过招贤渡》诗曰："归船旧掠招贤渡，恶滩横将船阁住。风吹日炙衣满沙，妪牵儿啼投店家。一生憎杀招贤柳，一生爱杀招贤酒。柳曾为我碍归舟，酒曾为我消诗愁。"可见这渡船及渡口周边一切存在的事物，都是诗人作诗的元素。此外，整条常山江，包括江两岸的古道古村落，与宋诗关联的物质元素不计其数，就连流动的常山江水也是诗人作诗源泉。所以常山鳞次栉比的古商埠、古码头、古渡口、古桥、古树、古凉亭、古牌坊、古塔、古寺庙、古道、古镇、古村落及其他古遗迹，加上峰岭、山洞、峡谷等，都是"宋诗之河"物质元素的丰富表现。

（二）精神要素
1. 淡泊宁静、恬然自得的心境

"宋诗之河"上吟诵的作品中多抒发游览山水之时的愉悦心情，如曾几的《三衢道中》，杨万里的《入常山界》《过招贤渡》，辛弃疾的《浣溪沙·常山道中即事》和赵蕃的《常山道中》等，其中以《三衢道中》最具代表性。此诗写初夏时宁静的景色和诗人山行时轻松愉快的心情。全诗明快自然，极富生活韵味。首句点明此行的时间——"梅子黄时"，正是江南梅雨时节，却难得有这样"日日晴"的好天气，因此诗人的心情自然也为之一爽，游兴愈浓。诗人乘轻舟泛溪而行，溪尽而兴不尽，于是舍舟登岸，山路步行。一个"却"字，道出了他高涨的游兴。三、四句紧承"山行"，写绿树成荫，爽静宜人，更有黄鹂啼鸣，幽韵悦耳，渲染出诗人舒畅愉悦的情怀。"来时路"将此行悄然过渡到归程，"添得"二字则暗示出行归而兴致犹浓，故能注意到归途有黄鹂助兴，由此可见此作构思之机巧、剪裁之精当。作者将一次平平常常的行程写得错落有致，平中见奇，不仅写出了初夏的宜人风光，而且诗人的愉悦情状也跃然眼前，让人领略到平凡生活中的意趣。

2. 驱除外敌、收复中原的爱国之心

北宋末年，外敌入侵，抗金、收复中原成为宋代诗歌作品表现的重大主题，这类诗歌的大量涌现，使宋诗带给后世莫大影响。

爱国主义是中华民族精神的核心，同时也是常山宋诗最宝贵的特质。拥有家国情怀的宋诗，相当能感召中华儿女，比如陆游的《晚过招贤渡》、杨万里的《宿查濑》和赵汝镁的《招贤渡溪阁晚望》等宋诗，都是忧国忧民的壮丽诗篇。

常山宋诗中所抒发的爱国情怀和传统美德，反映的正是广大民众深受内忧外患之苦而发出的期盼国家强盛的呼声，这与中华民族伟大复兴的中国梦，在本质上是一脉相承、高度契合的，非常值得继承和弘扬。

3. 真挚的友人相惜之情

常山宋诗中，不乏以友人送别、怀念为主题的作品，情真意切，令人动容。如米芾的《送王涣之彦舟》一诗，体现了作者对这位年少王郎的喜爱和褒奖，以及文人相惜的真挚情感。诗一开头，写了当年王涣之中进士时那恢宏气派的场景："集英春殿鸣捎歇，神武天临光下澈。鸿胪初唱第一声，白面王郎年十八。"随后笔锋一转，直白坦率地表达了他对能与王涣之相识的喜悦和对少年才子的赞赏之情，其中有云："翩翩辽鹤云中侣，土苴尪鸱那一顾。"米芾比王涣之年长十来岁，而且已是个名满天下的书法家，与苏东坡、黄庭坚、蔡襄齐名。从诗中的描述，也可看出他俩的关系不一般。同时，米芾对王涣之寄予很大的期许，并表达能够和王涣之做知音的喜悦之情："迩来器业何深至，湛湛具区无底沚。可怜一点终不易，枉驾殷勤寻漫仕。……"

除了米芾的这首诗，赵鼎的《题常山草萍驿》、范冲的《次韵元镇相思》、王介的《送张君宰吴江》和谢克家的《赠江仲长袤》等宋诗，都是热情洋溢的

送赠友人之诗；而苏轼的《同年王中甫挽词》、苏辙的《过王介同年墓》、赵抃的《常山县令姚存哀词》和胡铨的《哭赵公鼎》等宋诗，则是痛彻心扉的思念哀悼之诗。

4. 自强不息的君子品格

常山宋诗不乏表现诗人自强、自信、自励的作品，体现了我国传统士人的精神风貌和崇高品格。比如赵鼎的《还家示诸幼》："避地重遭乱，还家幸再生。一身今见汝，寸禄敢留情。更恐死生隔，浑疑梦寐惊。吾今犹有愧，未遂鹿门耕。"这首诗创作于北宋灭亡、朝廷南迁之际。宋高宗赵构在临安（今浙江杭州）定都后，赵鼎拖儿带女，把一家老小安顿在常山县黄冈山，从此就定居常山。赵鼎因在朝廷里当官，与家人分隔两地。有一次，赵鼎与皇帝在用人上产生了矛盾而被贬官，他借此机会回到常山与亲人团聚。被贬的赵鼎没有气馁沮丧，他依然心怀国家，其诗曰："吾今犹有愧，未遂鹿门耕。"赵鼎认为当下正值国家图兴之际，用人之时，没有国哪有家。他心里装的是家国复兴之梦，因此只能舍小家为大家。有如此的气魄和能力，赵鼎后来当上了宰相，为南宋安定和发展作出了贡献，被称作"中兴贤相之首"。《还家示诸幼》整首诗朴实自然，以聊家常的语气，将亲情、家国情糅合在一起，体现了赵鼎舐犊情深的厚重父爱和勇于担当的爱国主义情怀，这种精神值得学习。除了此诗，王安石的《和中甫兄春日有感》、王介的《出知湖州》和江袤的《蝶恋花》（身世谁人知觉梦）等，亦是表现诗人自信自强品性的佳作。

（三）制度要素

"钱塘江唐诗之路"的重要纽带

常山宋诗，其实是传统文化"唐诗"的传承与延续，这与浙江省提出的"钱塘江唐诗之路"概念一致，同时又彰显了常山自身特色。宋诗本身就是唐诗的传承、发展和延续，因而在文化脉络上是联系、统一的。所以说，"宋诗之河"也是"钱塘江唐诗之路"的重要补充，极大地丰富了浙江诗路文化带的内涵。宋诗对后世的影响很大，是中华优秀传统文化的重要组成部分，在中国文学史上占有重要地位。清代诗人蒋士铨《辩诗》曾赞誉说："唐宋皆伟人，各成一代诗。"反映了后人对宋诗影响和地位的客观评价。

（四）语言和象征符号

宜于表达情感的宋诗载体

在宋代，常山的文学作品中宋词极少，宋诗占了主流，这种现象有深刻的历史背景。一般来说，诗庄词媚，宋词中有很多是文人书写风花雪月、抒发浪漫情怀的产物，多由当时的青楼歌女来唱，在北宋繁华的都市非常流行。靖康之变后，文人们随宋室南渡，逃难到南方，尽管常山经济发达，生活环境比较好，但毕竟国破家亡，不少人失去了填词的心情。而写诗更宜于言志，因此成为常山宋代文人抒发强烈爱国情怀、表达收复中原之志的最佳载体。它彰显了常山宋诗文化所承载和蕴藏的以爱国主义为核心的思想观念、人文精神和道德规范。

二、核心基因提取与评价

基于对材料的全面、深入分析,得出本文化元素的核心基因:"淡泊宁静、恬然自得的心境""驱除外敌、收复中原的爱国之心""真挚的友人相惜之情""自强不息的君子品格"。

宋诗之河核心文化基因评价依据

评价项目	评价因子	评价依据(特点)	是否
生命力评价	文化基因存续的时间	自出现起延续至今,未曾明显中断	√
		自出现起延续至今,但多次衰微、中断后复兴	
		曾明显衰败,改革开放后开始复兴或历史溯源关键环节缺失,难以考证	
		文化形态主体已灭失,现存部分痕迹	
	文化基因的稳定性	在发展过程中保持相当稳定的状态	√
		在发展过程中存在明显的精神内涵、表现形式剧变	
凝聚力评价	文化基因的凝聚力及社会动员效果	曾广泛凝聚起区域群体的力量,显著推动过社会经济文化的发展	√
		曾部分凝聚起区域群体力量,对社会经济文化的发展产生过影响	
		凝聚过力量,创造过实际的发展动能,但未见对社会经济文化发展产生显著改变	
		仅在历史文献或口耳相传中存在,未见实际介入社会经济发展	

续表

评价项目	评价因子	评价依据（特点）	是否
影响力评价	辐射的范围	具有全国性、世界性的影响力	√
		具有长三角区域、浙江省影响力	
		具有市县、乡镇影响力	
	提炼的高度	已经被古代文人士大夫和当代学者提炼为精神符号和理念理论	√
		单纯的样式、造型、工艺技术规范	
发展力评价	与当代精神追求和价值观念的契合	传统文化基因得到创造性转化、创新性发展；区域革命文化基因被完整继承、广泛弘扬；区域社会主义先进文化基因成为与浙江"三个地"相适应的文化高地	√
		部分转化、部分弘扬、部分发展	
		难以转化、难以弘扬、难以发展	

说明：基因特点评价是对解码出来的基因，根据本《导则》表2的要求，围绕"四个力"逐一对表打"√"，进行定性表述

（一）生命力评价

"淡泊宁静、恬然自得的心境"自古以来是我国文人士大夫的一种心境，自东晋谢灵运开创山水诗创作以来，士人多以山水为情感寄托，失意落魄的文人也喜欢游历山水以排遣忧愤郁闷的心情。宋室南渡后，常山江的绮丽风景曾给南迁的北方士族以精神慰藉。另外，"驱除外敌、收复中原的爱国之心"则伴随着南宋诗词的传承为现代人所熟知，如陆游《示儿》中"王师北定中原日，家祭无忘告乃翁"两句千古传唱，是为此文化基因的典型代表，一直根植于中华儿女的心田，成为一股强大的精神力量。"真挚的友人相惜之情"是诗歌的一大主题，是生生不息的人类常情。"自强不息的君子品格"源于《周易》中"天行健，君子以自强不息"，无论是传统封建社会的文人士大夫，还是革命年代的民族脊梁、新时代的民族英雄，都坚

守自强不息的品格,不断推动社会发展前行。因此,四大核心基因延续至今,未曾明显中断,在发展过程中保持着相当稳定的状态。

(二)凝聚力评价

"淡泊宁静、恬然自得的心境"是一种宝贵的精神文化遗产。游兴之作,是我国古代文学作品中的重要组成部分,丰富了知识分子和民间百姓的日常生活,增加了文化的底蕴和情趣。同时,在当代,游兴之作为促进文旅融合、打造地方文化IP发挥了重要作用。"驱除外敌、收复中原的爱国之心"凝聚了南宋时期一大批士人,如"壮志饥餐胡虏肉,笑谈渴饮匈奴血"的岳飞、"王师北定中原日,家祭无忘告乃翁"的陆游、"吾今犹有愧,未遂鹿门耕"的赵鼎等,形成了当时独特的民族精神,这一精神代代传承,以历史之痛警戒和鼓励后世子孙爱国护家,守土有责。"真挚的友人相惜之情"本就是最质朴真切的情感,足以引人共鸣。"自强不息的君子品格"通过历史和文学的传承与传播,塑造了我国民众之精神,如改革开放以后民营经济的崛起和迅速壮大,是当代中华儿女在优秀传统文化和精神情操熏陶下自强不息、努力奋斗的结果。

(三)影响力评价

"淡泊宁静、恬然自得的心境""驱除外敌、收复中原的爱国之心""真挚的友人相惜之情""自强不息的君子品格"已经被古代文人士大夫和当代学者提炼为精神符号。同时,这些精神符号普遍存在于我国的文学作品之中,在全国范围内形成了强大的影响力。至今,我国知识分子在游历山水时常有吟诗作赋的雅兴,遇外敌挑衅时有义无反顾、奋起抗争的拳拳报国心,日常生活中会传达对良好友善关系的渴求,在遇到困难挫折时有自强不息、艰苦奋斗的决心和勇气。

(四)发展力评价

"淡泊宁静、恬然自得的心境""驱除外敌、收复中原的爱国之心""真挚的友人相惜之情""自强不息的君子品格"与当代精神追求和价值观念相契合,具有创造性转化、创新性发展的潜力。挖掘各地旅游资源背后的文化底蕴,创新性地运用蕴藏于历史中的文化基因,能够在很大程度上增加地方旅游资源的文化深度和旅游趣味，达到"以文促旅，以旅兴文"的作用。同时，回顾我国历史长河中的典型史迹，创造性地融入对"驱除外敌、收复中原的爱国之心"文化基因的思考，可以为新时代爱国主义教育提供新素材、新内容，以警示或鼓励同胞为保卫国土和捍卫主权而奋斗。此外，通过名人事迹、作品的宣传教育活动，传播"真挚的友人相惜之情""自强不息的君子品格"文化基因，能够激发民众的奋斗精神和个人力量。

三、核心基因保存

"淡泊宁静、恬然自得的心境""驱除外敌、收复中原的爱国之心""真挚的友人相惜之情""自强不息的君子品格"作为"宋诗之河"的核心基因,文字资料有《常山宋诗一百首》《常山江"宋诗之河"》等,保存于常山县文化基因解码调查组资料库,另外,出版物有《常山宋诗三百首》《常山宋诗一百首选注》《诚斋集》《常山县志》等。实物材料,主要是与"宋诗之河"相关的常山景点,如灵真洞、黄冈山、草坪村、孔坞、上湖岭、白龙洞、箬溪、容车山、禹迹洞、保安寺等,另有"宋诗文化长廊",位于常山县招贤古渡遗址和招贤段常山江防洪堤上。

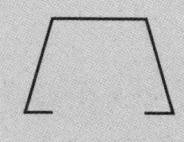

常山胡柚

宋诗之河 常山文化基因

常山胡柚

常山胡柚，又名胡柚、金柚，为种间杂种柚，是柚与甜橙自然杂交种，在我国已有几百年种植历史，是浙江省重要的名特优产品。胡柚果实外形小巧美观，色泽金黄艳丽，香圆，酸甜适度，甘中微苦，鲜爽可口，含有多种氨基酸和矿质元素。胡柚树经济寿命长，结果期可达50年以上，且产量高，果实耐贮藏，果实贮藏期可达5—6个月，来年清明节前后风味仍较好。

常山县位于浙江省西部，雨水充沛，土壤肥沃，是胡柚主要种植区域。常山胡柚种植历史悠久，已有几百年种植历史，但一直以来种植分散，未形成规模化生产。1982年后被浙江省和全国评为杂柑类第一名和优质果品一等奖，常山胡柚的独特风味和高营养品质得到肯定，并被逐渐推广。

常山胡柚果实中所含的氨基酸种类较齐全，其中人体必需的8种氨基酸以及婴幼儿必需的组氨酸全部具有，这说明常山胡柚果实有较高的营养价值。除氨基酸外，胡柚果实还富含葡萄糖、果糖和蔗糖，其中以蔗糖为主；含有维生素A、维生素B_1、维生素B_2、维生素C等，而这些维生素对人体的生命活动具有重要调节作用。此外，还含有钙、磷、钾、镁、铁、锌等矿质元素，而这些矿质元素均有健脑和促进大脑发育之功能。因此，常山胡柚果实是一种营养丰富的健脑食品。

同时，常山胡柚具有良好的药用功能。《本草纲目》记载："（柚）气味酸、寒、无毒，主治消食、解酒毒，治饮酒人口气，去肠胃中恶气，疗妊妇不思食、口淡。"常山胡柚是以柚为母本的天然杂交种，很好地保存了柚的药用功能。胡柚的镇咳化痰、清热解毒、解酒醒脑作用，历来为柚农所采用。胡柚果实中柚皮苷、柠檬苦素的含量比一般柑橘类品种高，能抑制血糖升高，是糖尿病人不可多得的保健水果。果肉还有较高含量的SOD酶，能延缓组织衰老，起延年益寿功效。

常山胡柚果实外形美观，色泽艳丽，香气独特、诱人，而且果肉酸甜适中，口感清爽，营养全面而丰富，是一款色香味俱佳、理想的鲜食果品。2023年，常山县胡柚种植面积已发展到10.6万亩，年产量达14.2万吨，全产业链总产值超过45亿元。除了鲜果销售，胡柚深加工产业亦得到跨越式发展，目前已开发的胡柚深加工产品有胡柚囊胞、胡柚茶、胡柚酵素、柚子饼、胡柚果脯、胡柚果酱，近年有胡柚宝（黄酮素）及胡柚酒、胡柚精油面膜、胡柚膏、胡柚青果茶等。2016年，衢枳壳被载入《浙江省中药炮制规范》（2015年版），2018年入选新"浙八味""衢六味"，成为药食同源品种。

一、要素分解

（一）物质要素

1. 气候宜人、土壤肥沃的自然环境

常山县位于浙江省西部、钱塘江上游，毗邻赣、皖、闽三省，区位独特，交通便利，素有"八省通衢、两浙首站"之称。常山属丘陵地带，亚热带季风气候，四季分明，年平均气温17.3℃，年降水量一般在1600至1900毫米之间。同时，常山年平均日照1759.6小时，无霜期238天，阳光、水分充足，土壤多为红壤和黄壤，十分适宜胡柚生长。

2. 生长适应性强

常山胡柚树体强健，具有耐寒、耐旱、耐脊、抗病等优点。它对土壤要求不高，既能在山地、平地长势良好，也能在水肥条件较差、坡度25°以下的红土低丘或油茶产区栽种，甚至在石漠化比较严重的山区、紫红砂土上也能良好地生长。胡柚树具有良好的耐旱能力。常山县在夏秋季节，通常连续一个多月干旱，但这对常山胡柚的生长无明显影响。相关档案显示，常山县在1990年夏季遭遇了历史罕见的旱灾，持续两个多月干旱无雨，当地的其他柑橘树因严重干旱而纷纷落果，但胡柚树安然无恙。此外，常山胡柚树还具有较强的抗病能力，它一般不易感染疮痂病，不受吸果夜蛾危害。胡柚树在幼树和幼果时容

易感染溃疡病，但随树龄的增长，溃疡病的发生率越来越小，表现出了较好的抗性。

3. 产量高，寿命长

即使在粗放经营的条件下，常山胡柚也能有很高的产出。零星种植的实生胡柚，一般产量可以达到150—200千克/株，成片种植的嫁接胡柚，7—8年生时亩产可达到2000—3000千克。常山胡柚挂果较早，据调查，实生胡柚树大多需要8—10年才投产，而嫁接胡柚一般在种植3年后开始挂果，4年投产。常山胡柚从投产到盛果的间隔时间短，通常挂果1—2年后即进入盛果期，株产可达50—100千克，而且产量稳定，大小年不明显，盛果期长达40—50年，经济寿命长达60—80年。研究发现，常山胡柚早期产量高的重要原因在于其明显的杂种优势，幼树生长旺盛，在1年内可抽发3—4次枝梢，发枝量大，树冠扩展迅速，至开始结果时已形成了相当的树冠容积，因而一旦结果就有较高产量，并迅速进入盛果期，而且盛果期长。另外，其结果枝在挂果的同时，还常能抽生1—2条营养枝，这就为第二年形成较多的结果母枝打下了良好的基础。常山胡柚叶色浓绿，光合效率高，因而具有较高的产量。

4. 果实风味营养独特，用途广

常山胡柚外形美观，大小适中，汁多味鲜，尤其是甜中微苦，风味别具特色。据浙江大学、江苏省中国科学院植物研究所、浙江省农业科学院测定分析，胡柚具有丰富的类黄酮类等活性物质，每100克胡柚果汁含维生素C 37.9—46.6毫克、维生素B_1 0.056毫克、维生素B_2 0.026毫克、类胡萝卜素1.17—2.07毫克、游离氨基酸总量达4796.6毫克，其中人体所需的必需氨基酸为1298.9毫克，可溶性总糖11.7%，总酸0.704%。此外还富含磷、钾、钙、镁、铁、锌、铜、锰等矿质元素，营养极为丰富，是全能型的营养水果。由于常山胡柚果实色香味形俱佳，且营养全面而丰富，又属绿色食品，所以，它既是一种理想的鲜食果品，值得大力推广，又是一种很好的加工原料，可以广泛深入地进行开发与利用。

5. 贮运价值独特

一是常山胡柚从当年的11月自然存放可到第二年5月底，是柑橘类水果中储存期最长的品种，有7个月的销售时间，销售期长。同时，后期也是胡柚口感最佳期。胡柚属于晚熟品种，一般前期较酸，放至春节前后吃较好，特别是3月份后，气温回升后，品质最佳。二是耐运输与商品化处理。胡柚果皮紧致，不易腐烂，十分适宜分级包装处理以及长途运输，销售成本低。三是可供应水果淡季，市场竞争力强。4—5月份其他柑橘类水果上市减少，而胡柚却是品质最佳期，为此能发挥其淡季补缺的品种优势，最大程度发挥出胡柚特性与市场价值。

6. 丰富的胡柚加工产品

经过十多年发展，目前已开发的胡柚深加工产品有胡柚囊胞、胡柚茶、胡柚酵素、柚子饼、胡柚果脯、胡柚果酱，近年有胡柚宝（黄酮素）、胡柚酒、胡柚精油面膜、胡柚膏、胡柚青果茶等。以常山胡柚作为主要原料生产的胡柚茶，具有消脂减肥、抑制心血管疾病、预防糖尿病、延缓衰老、醒脑提神、利尿解乏、护发明目、缓解感冒症状等功能。胡柚宝是以常山胡柚为原料，经过多道工序提取出胡柚黄酮素，进行粉碎、混合、压片、包衣等工序后得到的产品，具有增强免疫力功效。胡柚果胶成分占胡柚皮比例6%—10%，呈弱酸性，无毒，无刺激性，利用其凝胶性可生产胶冻、果酱和软糖等，也可用于化妆品上，如面膜、精华液、唇膏等。胡柚精油是天然的香氛类物质，主要用于食品、日化类、医药行业上。胡柚精油主要功效是杀菌消炎、收敛毛孔，可以促进血液及淋巴循环，清除体内毒素，排解水分滞留及脂肪累积。

7. 胡柚良种的繁育及推广

胡柚是天然的杂交品种，系柚与柑橘自然杂交而成。自1982年以来，常山县已经优选出12个优良单株，并建立了1000多亩良种母本园。目前，常山县有省重点育苗圃国营单位4家，固定苗圃200多亩，可年繁育苗木300万—400万株。同时，常山县还有5万亩胡柚良种商品基地，这些都为产业化发展奠定了坚实的基础。此外，常山县还与众多科研院所保持良好关系，与中国农业科学院柑橘研究所、浙江省柑橘研究所、浙江大学园艺系等科研院校进行全面技术合作。这些都为常山胡柚在品种选育上提供了强有力的技术保障。由于胡柚自然变异大，有可能通过芽变产生更有价值的优良单株，近年来已在全县发现了不少优良变异单株。为保持胡柚的优良性状，充分发挥这一地方特色品种的资源优势，县政府已开展第二次品种选育，对胡柚品质进行更新和提高。

8. 胡柚基地建设

常山县根据市场需求特征，立足当地气候、土地和劳动力资源优势，在柑橘类产品中重点发展胡柚，由20世纪80年代初的零星种植到2011年的10多万亩，种植面积飞速扩大，基本实现了大规模、大面积的集中种植，在很大程度上满足了高产、稳产、高效的要求。目前常山已有5万亩连片面积在30亩以上的胡柚基地，其中121个100亩以上基地，3个千亩连片基地，相对集中区域30个面积达4万多亩。胡柚集中连片种植易于农业规模化经营，可以有效地减少普通农田施用农药对果品的污染，也有利于进行修剪整枝、套袋等先进技术的推广，便于产品运输，更有利于提高机械化、园田化水平，实现高产高效。1996年，常山县农业局、技术监督局等部门联合科研院、大专院校，出台了"常山胡柚系列"省级地方标准，标准包括果园建设、良种苗木选择、栽种方法、有机肥料使用、限制化肥农药使用数量和种类、果品采摘、分级清洗、加工包装、商品注册等方面，对常山胡柚的生产、加工和销售各个环节进行严格的质量管控。该标准的实施保证了常山胡柚多年来能够科学

有序地发展。从20世纪90年代初开始，常山县就依托县柑橘协会对各乡镇、村和胡柚种植大户进行技术培训，每年发放胡柚生产技术资料万余份，并在各村设有胡柚技术辅导员。此外，从2001年开始，常山县政府正式启动"152"工程，每年从财政预算中拨出一笔专项基金，改造5000亩低产园，建设一万亩水利设施比较完善的胡柚现代农业园区；另外，按照农业现代示范园区的要求，高标准建设200亩精品园，做到"田成方、林成网、渠相通、路相连"，并要求每亩建成6米左右的三面光渠道，机耕路全面硬化，主干道宽7米，果品运输车辆和其他农机具进出自如，以通过农田标准化建设来促进产品的标准化生产。

（二）精神要素
勇于开拓、与时俱进的创新精神

在2020年，常山县委、县政府就坚持对常山胡柚这一全国特色优势农产品，实行改革赋能、科技赋能、数字赋能、平台赋能，不断提升常山胡柚生态链、供应链、产业链和价值链，使之成为产业振兴的新高地、三产融合的模范生和农民致富的"常青树"。常山县利用高新技术实现了常山胡柚分子上的加工、健康式加工，通过科技创新提高了胡柚的身价，研发出了胡柚咖啡固体饮料、胡柚精油面膜、胡柚宝（黄酮素）等果脯类、固体饮料、日化三大类十多个品种。常山县委宣传部从2013年起就联合上海美术电影制片厂共同打造了《胡柚娃之胡柚诞生记》《胡柚娃之拜师学艺记》等6集胡柚娃动画短视频。除此之外，常山还利用胡柚文化创意开发出了U盘、游戏、玩具、书本等胡柚文化衍生产品，用文化产业助推胡柚产业不断提档升级。

（三）制度要素
1.常山胡柚产业化的典型组织模式

随着胡柚产业的不断发展，常山县胡柚产业的组织化水平不断提高，形成了形式多样的组织模式。经过调查总结，胡柚产业典型的组织模式主要有"龙头企业+农户"模式、"运销大户主导型专业合作社"模式和"现代农业综合区"模式。

（1）"龙头企业+农户"模式。龙头企业是以农户生产的原料为加工、销售对象，并逐步与农产品生产者结为利益共同体的企业。"龙头企业+农户"模式，具体是由一个或几个规模较大的胡柚加工企业，与分散经营的胡柚生产基地的农户，签订相关合同，建立起相对稳定的联系和某种程度的利益共同体。

（2）"运销大户主导型专业合作社"模式。随着市场竞争的日趋激烈，农产品买方市场已经形成，农民千家万户小生产和千变万化大市场的矛盾日益突显，农民只有通过组织化建设才能有效抵御市场风险。为此，常山县大力推进农民专业合作组织建设，推进农民专业合作组织在发展中规范，在规范中发展，通过农民专业合作组织加强生产组织、技术推广和市场开拓。随着政策措施的不断推进，常山县胡柚专业合作组织发展迅速。如今常山拥有260家胡柚专业合作社，最早的在2000年就开始设立，规模较大的年销售上千吨，小的几百吨，其运作模式几乎一致，均是属于运销大户主导型模式。

（3）胡柚产业集群发展——"现代农业综合区"模式。现代农业综合区在投融资机制上，按照"政府引导、主体运作，地方为主、省级扶持"相结合的方式，建立多层次、多渠道、多元化的资金筹措机制，实现投资社会化、市场化；管理与运营上，建立"产权清晰、责权明确、管理科学"的现代企业制度，按照市场需求组织生产经营活动，以现代农业综合区建设领导小组为项目建设的决策机构，组建综合区建设管理办公室为园区建设管理常务机构，以综合区建设实施小组全面负责项目的具体实施，聘请浙江省柑橘（胡柚）培育专家对综合园区的胡柚企业进行指导，开展技术研究、推广；科技服务上，建立了以政府为主导、多方参与的林业科技推广机制；人才利用方面，围绕"培养、引进、开发"三个层面，不断实施和完善林业人才系统工程，加强现有林业管理和技术人员培训与继续教育，通过建立专家指导联系点、共建高校毕业生实习基地、联合开展科研课题合作等多形式、多渠道引进人才。

2. 纯天然的种植培育方式

常山胡柚至今已有几百年的栽培历史，祖祖辈辈沿袭着生态法则，即胡柚的种植一切顺从自然——不施农药，不用化肥，全靠力气和汗水。同时在胡柚林里养鸡，鸡在林下无拘无束，抓虫擒蛾，排泄物则可以肥树。纯天然的种植培育方式使胡柚形状优异、风味独特、功效显著，颇受消费者喜爱。

（四）语言和象征符号

1. 甜中带苦的独特风味

常山胡柚除了一般水果的甜味外，还带有独特的苦涩味道。中医说胡柚性味酸、寒，具有行气、除痰、解酒毒、镇痛等功能。胡柚本身营养丰富，所含钙质和维生素都远远超过了其他水果。它不仅有助肝、胃、肺等机能，还有清热去火、止咳化痰的功效，起到润肠通便的作用，达到减肥瘦身的功效。

2. 丰富的营养成分和矿质元素

常山胡柚富含 8 种必需氨基酸及组氨酸，其果实富含葡萄糖、果糖和蔗糖，总糖量达 9.62%—13.57%，可溶性固形物含量达 12%—15%，含有丰富的维生素 C、维生素 B_1、维生素 B_2、维生素 A，以及钙、磷、钾、镁、铁、锌、锰等矿质元素，还含有挥发油类、柠檬苦素类、黄酮类、香豆素类及其他三萜类化合物，在预防肿瘤、抗菌、抗氧化、治疗呼吸系统疾病等方面有一定疗效。

二、核心基因提取与评价

基于对材料的全面、深入分析,得出本文化元素的核心基因:"气候宜人、土壤肥沃的自然环境""常山胡柚产业化的典型组织模式""甜中带苦的独特风味""丰富的营养成分和矿质元素"。

常山胡柚核心文化基因评价依据

评价项目	评价因子	评价依据(特点)	是否
生命力评价	文化基因存续的时间	自出现起延续至今,未曾明显中断	√
		自出现起延续至今,但多次衰微、中断后复兴	
		曾明显衰败,改革开放后开始复兴或历史溯源关键环节缺失,难以考证	
		文化形态主体已灭失,现存部分痕迹	
	文化基因的稳定性	在发展过程中保持相当稳定的状态	√
		在发展过程中存在明显的精神内涵、表现形式剧变	
凝聚力评价	文化基因的凝聚力及社会动员效果	曾广泛凝聚起区域群体的力量,显著推动过社会经济文化的发展	√
		曾部分凝聚起区域群体力量,对社会经济文化的发展产生过影响	
		凝聚过力量,创造过实际的发展动能,但未见对社会经济文化发展产生显著改变	
		仅在历史文献或口耳相传中存在,未见实际介入社会经济发展	

续表

评价项目	评价因子	评价依据（特点）	是否
影响力评价	辐射的范围	具有全国性、世界性的影响力	
		具有长三角区域、浙江省影响力	√
		具有市县、乡镇影响力	
	提炼的高度	已经被古代文人士大夫和当代学者提炼为精神符号和理念理论	
		单纯的样式、造型、工艺技术规范	√
发展力评价	与当代精神追求和价值观念的契合	传统文化基因得到创造性转化、创新性发展；区域革命文化基因被完整继承、广泛弘扬；区域社会主义先进文化基因成为与浙江"三个地"相适应的文化高地	√
		部分转化、部分弘扬、部分发展	
		难以转化、难以弘扬、难以发展	

说明：基因特点评价是对解码出来的基因，根据本《导则》表2的要求，围绕"四个力"逐一对表打"√"，进行定性表述

（一）生命力评价

胡柚栽培历史悠久。康熙《衢州府志》载："抚州明时惟西安县西航埠二十里栽之。今遍地皆栽。"以此推论，常山境内300多年前就已有人栽培。通过橘农和科技工作者的精心培育，到20世纪七八十年代，胡柚由原来不起眼的乡村杂果培育成闻名全国的"中华珍果"。2023年，常山县已经建成国家标准果园2个、省级现代农业产业示范区1个，创建胡柚省级农业产业强镇2个，建成众多胡柚精品（优质）果园基地和优质果园，培育衢枳壳主体10多个，拥有常山胡柚农业龙头企业64家，农民合作社200余家，为常山胡柚的产业化道路打下了坚实的基础。因此，常山胡柚的核心基因"气候宜人、土壤肥沃的自然环境""常山胡柚产业化的典型组织模式""甜中带苦的独特风味""丰富的营养成分和矿质元素"自出现起

延续至今，未曾明显中断，在发展过程中保持着相当稳定的状态。

（二）凝聚力评价

常山胡柚栽培历史可追溯到明末。1984年，常山县第五届党代会把胡柚列为三大拳头产品之一，从此胡柚开始在全县范围内大规模发展。2007年，胡柚种植面积达15743亩，产量达36030吨。浙江常山胡柚经济长盛不衰，已成为当地农民的"摇钱树"。据统计，仅胡柚一项，2001年就实现产值近亿元，占全县农业总产值的20%以上，占农民人均纯收入的20%以上。因此，胡柚是常山乃至衢州地区重要的经济作物和文化载体，其核心基因曾广泛凝聚起区域群体的力量，显著推动过社会经济文化的发展。

（三）影响力评价

常山胡柚跻身于全国优质农产品行列，曾多次荣获全国大奖。1995年，胡柚在第二届中国农业博览会获金奖。1996年，常山县被国家农业部授予"中国常山胡柚之乡"称号。近二十来年，常山胡柚获得飞速发展，以常山胡柚主产区浙江常山县为例，1982年常山县种植面积为33.35公顷、产量225吨，发展到1998年，种植面积约6670公顷、产量7万吨，面积增长了199倍，产量增长了约310倍，成为浙江省种植面积最大、产量最大的名品柚类。1998年，常山胡柚获浙江省第一个农产品证明商标。因此，其核心基因具有长三角区域、浙江省影响力。

（四）发展力评价

近年来，常山县紧抓胡柚种植，全面实施胡柚名牌战略，从全县数万株胡柚树中筛选出优株，建起母本园，通过规范胡柚栽培管理技术、建立胡柚示范基地、开展"三疏二改"技术管理等，使果品质量不断提高。另外，当地针对胡柚流通不畅的问题，大力扶持农业龙头企业，提高胡柚采后商品化，并为胡柚注册了商标。他们像生产工业产品一样用仪器认真检测胡柚质量，不合标准的不予上市。同时，县里还积极为胡柚外销鸣锣开道，使常山胡柚在市场上声誉大增，使得胡柚在种植、加工、生产销售上取得了长足的进步。因此，其核心基因与当代精神追求和价值观念相契合，具有创造性转化、创新性发展的潜力。

三、核心基因保存

"气候宜人、土壤肥沃的自然环境""常山胡柚产业化的典型组织模式""甜中带苦的独特风味""丰富的营养成分和矿质元素"作为"常山胡柚"的核心基因,资料保存情况如下:

《水酿的常山,胡柚飘香》《常山胡柚产业现状》《常山胡柚品种起源及栽培研究进展》《常山胡柚产业现状及开发前景》等8项文字资料保存于常山县文化基因解码调查组资料库。另外,出版物有《常山县志》《常山文史资料》《衢州民俗大观》等。

《祭奠胡柚祖宗树》《常山胡柚鲜果与果脯》《胡柚采摘节喝彩》等33项图片资料保存于常山县文化基因解码调查组资料库。

实物材料胡柚树、果实在常山县内胡柚种植区均有。

招贤古渡口

宋诗之河　常山文化基因

招贤古渡口

招贤镇，地处钱塘江常山江段下游，东交衢州市柯城区航埠镇、沟溪乡，南接柯城区华墅乡、江山市大陈乡，西连青石镇，北接大桥头乡和东案乡，素有常山"东大门"之称。

招贤镇域总面积69.8平方千米，截至2020年，下辖18个行政村，是有着1300多年发展历史的"千年古镇"。古定阳县时，因"五胡入华"逃避战乱到此的北方常山郡人在此设"常山乡"。县志记载，唐咸亨五年（674）始设常山县，将县治从原定阳县三冈（今何家乡琚家、金家一带）迁到了今常山县招贤镇古县村和古县畈村一带。常山县在招贤设立县治达91年，唐广德二年（764）迁于现址天马街道。自古以来，招贤人杰地灵，商贾云集，境内有"招贤古渡""樊氏大宗祠""古县遗址"等名胜古迹。

招贤,顾名思义,是招纳贤才之地,名称来历说法主要有三:其一,相传古代有位贤人隐居于此,后为朝廷所知,招为上卿,故名;其二,古代曾在此设过考场,四方贤能之士云集于此,故名;其三,南宋朝廷曾在此设立《招贤榜》,招募贤能之士,故名。现流传最广的是第三种说法。

"多情小艇招贤渡,载我溪南看山去。"招贤古镇历来为水路要津、陆上重驿。商贾云集的古镇、古街、古渡曾吸引了许多文人墨客豪情抒怀,并为之留下众多佳作名篇。古镇千年,古街繁华,临街而建的招贤古渡更是历史悠久,作为曾经的常山古代十景之一,自古就有"浙西名渡"之誉。

一、要素分解

（一）物质要素

1. 风景秀丽的交通枢纽

招贤古渡系南宋官渡，是衢州至江西、徽州的交通枢纽。宋代，常山江已是连接南方八省的必经水道，沿岸风景秀丽、风情独特，吸引着大批南来北往的文人骚客赋诗吟咏。据不完全统计，历史上游历过常山并作诗的文人有100多位，尤其以南宋时期为甚，曾几、陆游、杨万里、范成大、辛弃疾、朱熹等诗坛鼎鼎大名的巨匠赫然在列。

渡。据村民介绍，平常及枯水季，船舶主要在码头中、西段过渡，涨水季节，船舶在下游码头东段过渡。现除东码头石阶为水泥浇筑外，中、西码头石阶基本保持原状。该古渡曾为常山十景之一，作为研究当地人文历史的实物例证，有重要的文物价值。

（二）精神要素

1."一生憎杀招贤柳，一生爱杀招贤酒"的诗者深情

据考证，杨万里前后多次来往途经常山，写下了与常山相关的诗歌40余首，其中收录《诚斋集》而流传于世的就有25首。很多常山古地名都可以在他的诗中找到，尤其以写招贤渡的诗最多，其中最为典型的是《过招贤渡》一诗，诗曰："归船旧掠招贤渡，

2. 历史悠久的古渡口码头

招贤古渡位于招贤镇招贤村老街，由东、中、西三个码头组成。码头东段位于老街至码头处，有38级石阶。码头中段位于老街至码头原船舶停靠处，有32级石阶。码头西段位于码头常山港上游处，有34级石阶。码头全长350米，东段石阶与中段石阶相距约300米，西段石阶距中段石阶约40米。光绪《常山县志》卷十五载："招贤渡，在县东三十五里以上。系官渡，每渡设船二只，渡夫二名。"陆游、杨万里有诗描述，可知至少为南宋古

恶滩横将船阁住。风吹日炙衣满沙，妪牵儿啼投店家。一生憎杀招贤柳，一生爱杀招贤酒。柳曾为我碍归舟，酒曾为我消诗愁。"可见他对这个渡口钟爱尤深。昔日的招贤古渡繁华热闹，备受文人墨客的青睐。为了再续古渡与诗文大家的情缘，当地修葺了"宋诗之河"文化展览馆，馆里保留着古时的痕迹，留给后人丝丝念想。

2."北陇田高踏水频，西溪禾早已尝新"的田园意境

南宋辛弃疾前往绍兴赴任，当其走进信州至衢州的常山道上时，正好是临近中午时分，农家劳动与生活场景映入他的眼帘，催生了《浣溪沙·常山道中即事》一词，词曰："北陇田高踏水频，西溪禾早已尝新。隔墙沽酒煮纤鳞。忽有微凉何处雨，更无留影霎时云。卖瓜人过竹边村。"

3."吾生半行路，搔首送流年"的人生感慨

南宋的陆游受召回京述职时，行至半路，曾在衢州待命，后被任命为提举江南西路常平茶盐公事。他匆匆赴任时曾途经招贤渡，不免为渡口熙熙攘攘、热闹非凡的情景所震撼。看着来往于古渡的人们，他不由想到自己的坎坷人生，从而生出种种感叹，写下这首《晚过招贤渡》："老马骨巉然，龃龉不受鞭。行人争晚渡，归鸟破秋烟。湖海凄凉地，风霜摇落天。吾生半行路，搔首送流年。"

宋代是常山历史上最辉煌的文化高峰期，尤以宋诗留存数量惊人，目前已搜集到的宋诗就有近1000首，是常山地区最重要的文化瑰宝。在普遍流行"宋词"的宋代和以"唐诗之路"著称的千里钱塘江上，百里常山江却偏偏以"宋诗"闻名，可谓独树一帜，是非常独特的"常山现象"。如今，常山县借此努力打造"招贤古渡、宋诗之河"文化金名片，为"慢城常山"奠定了深厚的文化基础。

（三）语言和象征符号

辉煌灿烂的"宋诗之河"文化现象

二、核心基因提取与评价

基于对材料的全面、深入分析,得出本文化元素的核心基因:"历史悠久的古渡口码头""'一生憎杀招贤柳,一生爱杀招贤酒'的诗者深情""辉煌灿烂的'宋诗之河'文化现象"。

招贤古渡口核心文化基因评价依据

评价项目	评价因子	评价依据(特点)	是否
生命力评价	文化基因存续的时间	自出现起延续至今,未曾明显中断	
		自出现起延续至今,但多次衰微、中断后复兴	√
		曾明显衰败,改革开放后开始复兴或历史溯源关键环节缺失,难以考证	
		文化形态主体已灭失,现存部分痕迹	
	文化基因的稳定性	在发展过程中保持相当稳定的状态	√
		在发展过程中存在明显的精神内涵、表现形式剧变	
凝聚力评价	文化基因的凝聚力及社会动员效果	曾广泛凝聚起区域群体的力量,显著推动过社会经济文化的发展	
		曾部分凝聚起区域群体力量,对社会经济文化的发展产生过影响	√
		凝聚过力量,创造过实际的发展动能,但未见对社会经济文化发展产生显著改变	
		仅在历史文献或口耳相传中存在,未见实际介入社会经济发展	

续表

评价项目	评价因子	评价依据（特点）	是否
影响力评价	辐射的范围	具有全国性、世界性的影响力	
		具有长三角区域、浙江省影响力	√
		具有市县、乡镇影响力	
	提炼的高度	已经被古代文人士大夫和当代学者提炼为精神符号和理念理论	√
		单纯的样式、造型、工艺技术规范	
发展力评价	与当代精神追求和价值观念的契合	传统文化基因得到创造性转化、创新性发展；区域革命文化基因被完整继承、广泛弘扬；区域社会主义先进文化基因成为与浙江"三个地"相适应的文化高地	√
		部分转化、部分弘扬、部分发展	
		难以转化、难以弘扬、难以发展	

说明：基因特点评价是对解码出来的基因，根据本《导则》表2的要求，围绕"四个力"逐一对表打"√"，进行定性表述

（一）生命力评价

唐咸亨五年（674），常山始设县，将县治设于今招贤镇古县村和古县畈村一带。自古以来，招贤古渡人杰地灵，商贾云集。到了20世纪中期，随着陆路交通的兴起和发展，古渡和古街的繁华渐渐退去。然而，无论历史如何变迁，招贤古镇、古街、古渡风韵犹存。如今，随着常山江招贤古渡"宋诗展馆""宋诗长廊"的建设、古民居的保护性开发，这个千年古镇重新焕发勃勃生机，成为"慢城常山"的重要组成部分。因此，招贤古渡口的核心基因"历史悠久的古渡口码头""'一生憎杀招贤柳，一生爱杀招贤酒'的诗者深情""辉煌灿烂的'宋诗之河'文化现象"自出现起延续至今，但多次衰微、中断后复兴，在发展过程中保持着相当稳定的状态。

（二）凝聚力评价

招贤古渡系南宋官渡，是衢州至江西、徽州的交通枢纽。宋代，常山江成为连接南方八省的必经水道，有诗云"日望金川千张帆，夜见沿岸万盏灯"，可以瞥见当时经贸活动之繁盛。同时，古渡口沿江风景秀美，南来北往的迁客骚人无不为之流连忘返、赞叹倾倒，览物之余留下了丰富的文学艺术作品。从紫港浮桥到招贤古渡，每一个都是当年繁华景象的见证者。因此，其核心基因曾部分凝聚起区域群体力量，对社会经济文化的发展产生过影响。

（三）影响力评价

招贤古渡历史悠久，是常山古代十景之一，自古就有浙西名渡之美誉。招贤古渡在古代是官渡，是衢州至江西、徽州的必经之地，更是商船贸易的一个集中地，曾经盛极一时。民国时期，盛产柑橘的招贤，通过埠头上船，每年运往衢州、杭州的柑橘达数十万斤，而外面的油盐布匹，也由此运进招贤。那时候，招贤的姑娘若远嫁上海、杭州，也都是从古渡水路出发，可直接抵达目的地。与此同时，招贤曾是常山以及周边地区的文化高地，在宋代更是达到高峰。目前，当地已搜集到的宋诗就有近1000首，是宋代常山最重要的文化瑰宝。如今，常山借此努力打造"招贤古渡、宋诗之河"文化旅游品牌。因此，其核心基因具有长三角区域、浙江省影响力。

（四）发展力评价

如今的招贤古渡没有因为在交通运输领域的没落而退出历史舞台，它承载着常山江悠久的航运、商贸历史以及深厚的宋诗底蕴，成为常山地区的文化高地。近年来，常山县围绕"宋诗之河"文化品牌，着手保护、开发、重建招贤古渡、招贤老街，全力打造常山江"宋诗之河"诗路黄金旅游带，走出了一条文旅融合的深度发展之路。因此，其核心基因具有较强的发展潜力，在不久的将来即能得到创造性转化、创新性发展。

三、核心基因保存

"历史悠久的古渡口码头""'一生憎杀招贤柳,一生爱杀招贤酒'的诗者深情""辉煌灿烂的'宋诗之河'文化现象"作为"招贤古渡口"的核心基因,资料保存情况如下:

《悠悠古渡话招贤》等8项文字资料保存于常山县文化基因解码调查组资料库。另外,出版物有《常山县志》《诚斋集》《常山县古诗词选》等,相关的诗作有《招贤渡》《过招贤渡》《浣溪沙·常山道中即事》《宿查濑》《衢州近城果园》《宿招贤馆》等。

《招贤渡口》等24项图片资料保存于常山县文化基因解码调查组资料库。

招贤渡口遗址、杨万里诗歌纪念馆位于常山县招贤镇。

常山西源革命纪念馆

宋诗之河 常山文化基因

常山西源革命纪念馆

常山西源革命纪念馆是常山县开展爱国主义教育活动的重要基地。纪念馆以1927年至1937年闽浙赣皖边区土地革命战争为发展脉络,通过大量珍贵的史料展陈,回顾闽浙赣皖革命斗争的艰苦岁月,讴歌浙西一翼土地革命战争中革命志士的伟大品格,弘扬"对党忠诚,依靠群众,艰苦奋斗,百折不挠"的麻山革命精神。

1932年10月,为开辟新的革命根据地,中共赣东北省委指派曾担任过红十军政委的邵式平及担任过红十军政治部主任的吴先民到皖浙边考察了解情况。他们带着董日钟等同志到常山西源一带开展革命活动,在西源的东坑、西坑、章舍坑、麻山、阳山坞等地走访,结识当地的贫苦农民,发展他们加入"兄弟会"。

董日钟、温典云白天帮群众上山砍柴，晚上深入贫苦农民和纸槽工人当中，宣传闽浙赣苏区打土豪分田地、人民当家作主的情形，号召大家团结起来，开展革命斗争，教育群众"为革命要死就死自己，不要连累别人"，并以"上名字"的方式吸收他们加入"贫农团"和"地方红军"。宣传工作迅速取得进展，原金源乡泉坑村只有67户就有64人报名参加，以横坞口为中心的9个纸槽就有100多名工人参加地方红军。革命之火很快燃遍芙蓉、新昌、金源、毛良坞、芳村等乡镇，方圆达数百千米，仅常山境内参加地方红军的就有900多人。

1936年8月中旬，经过多年努力，董日钟、温典云等人在西源徐坑自然村建立了中共西源区委、西源区苏维埃政府和徐坑乡苏维埃政府，并且任命董日钟为区委书记，温典云为副书记，余长清、方广荣、刘森林等为委员。区委设在西源徐坑，管辖常山芳村地区和开化溪口一带。中共西源区委是常山县域内最早建立的中国共产党组织，隶属开婺休中心县委领导下的中共开化县委。西源区苏维埃政府也是常山县第一个苏维埃政府。

中共西源区委积极组织群众开展对敌斗争，不断攻克游击区内的敌人据点，沉重地打击了当地的反动武装。如当年，芙蓉乡有个名叫王长胖的大土豪，是个鱼肉人民、作恶多端的地头蛇，群众切齿痛恨。西源区委根据群众的要求，袭击了他的老巢，抓了王长胖，缴了不少枪支弹药，并开仓济贫，分了王家的不义之财。1936年9月的一个晚上，董日钟率领游击队和严中良、邱老金所率部队一起，星夜奔袭，联合攻克衢县上方镇，烧毁了敌人警察分局，缴获长短枪数十支及子弹、布匹、粮食等不计其数，还拔除了国民党县自卫大队在芙蓉乡泮源村水口地方的据点，吓得乡长一连20多天不敢去水口探望亲人。

中共西源区委在对敌斗争中，认真掌握党的方针政策，注意斗争策略，在军事打击的同时，积极配合政治攻势，从而分化瓦解敌人，使其为我服务。如毛良坞灯盏坑前山的保长被争取过来后，为红军伤员作掩护，积极为红军提供粮食和物资，并设法转告群众躲避警察进村抓壮丁，还救出了12个无辜被抓的群众。

由于中共西源区委采取"分散发动群众，集中打击敌人""出其不意，攻其不备"的战术，不断攻克敌人据点，沉重打击了反动武装，所以游击区不断扩大，人民振奋，敌人胆寒，董日钟、温典云的名字声震整个西源。由于军民团结，共同打击敌人，游击根据地进一步得到扩展和巩固，西源地区形势一派大好。

皖浙赣边革命形势迅猛发展，引起了国民党反动派的极度惊恐。1936年年底，蒋介石下令调集了十几个正规师及皖浙赣三省保安团约十余万兵力，向皖浙赣边游击根据地发动猖狂进攻。在国民党反动军队对游击区实行"封锁、并村、联保、烧山、搜剿"等残酷手段和全力"围剿"的情况下，红军游击队处境十分困难，斗争也十分残酷。1937年2月底，中共西源区委党组织和游击根据地遭到严重破坏，主要领导人有的被捕牺牲，有的转移。

虽然西源区域的革命斗争最终因国民党反动派的残酷迫害转入低潮，但是"对党忠诚，依靠群众，艰苦奋斗，百折不挠"的麻山革命精神始终伴随着中国新民主主义革命的伟大历程，并在中国社会主义革命和建设中迸发出新的光芒，成为常山人民在曲折前进的征程中战胜困难和挑战、不断取得胜利的强大精神力量和宝贵精神财富。

一、要素分解

（一）物质要素

1. 传统与现代风格结合的纪念馆建筑

常山西源革命纪念馆位于西源村，是开展爱国主义教育活动的重要基地，门厅前配有红色党建广场。为了塑造革命传统教育与自然禀赋相结合的主题，体现西源的地域特点，该纪念馆采用传统与现代相结合的建筑形象元素，体现革命老区浓浓的乡土风情和独特的红色魅力。纪念馆建筑空间以庭院为中心，合理布置参观流线，形成一个中轴对称、左右平衡、对外封闭、对内开敞的整体建筑形态。该纪念馆布展分为序厅、基本展厅、

临时展厅和文创产品展销厅等几个部分。基本展厅由四个部分组成：闽浙赣根据地的形成和浙西革命斗争的开展；红军北上抗日先遣队转战闽浙赣皖；皖浙赣革命之火燎原浙西；党史人物介绍。目前，当地致力于打造闽浙赣皖土地革命战争浙西纪念馆，突出"高站位、大格局、广视角"，聚焦常山县西源地区，系统还原浙西一翼乃至闽浙赣皖边区土地革命战争的发展脉络。

2. 革命起源地——麻山兄弟会旧址

1932年10月，为开辟新的革命根据地，中共赣东北省委指派曾担任过红十军政委的邵式平及担任过红十军政治部主任的吴先民到皖浙边考察了解情况。他们带着董日钟等同志到常山西源一带开展革命活动，在西源的东坑、西坑、章舍坑、麻山、阳山坞等地走访，结识当地的贫苦农民，发展他们加入"兄弟会"。麻山自然村至今仍保存着当年革命先烈董日钟、温典云等同志在此开展地下革命活动的旧址——"兄弟会"旧址和玉米棚，至今红色革命气息依旧浓厚。

（二）精神要素

1. 坚贞不屈的革命精神

1937年1月，中共西源区委及其所领导的游击队已粮尽弹绝，并失去与上级领导和群众的联系，形势恶劣，处境极端困难。许多同志被捕、被杀，整个西源地区呈现一片白色恐怖。敌人占据西源后，开始大捕大杀。区委委员刘森林、方广荣同志分别被杀害于舜山、南柯山棚中；陈忠友同志被叛徒出卖而捐躯；交通员胡樟根同志在开化白马乡被割下头颅"示众"3天；章舍有个姓段的老婆婆，是个妇女积极分子，敌人把她抓去后，用烧红的铁丝穿她的乳头，她回家后不久即死亡；通讯班班长王云寿，被施以香火烧焦背部的酷刑而献身。短短几天，西源地区被捕的同志达130多人，被杀害40多人。

1937年2月17日，中共西源区委书记董日钟等同志隐蔽在上麻山庙后玉米地里，四面受敌包围，虽经奋力搏斗，但终因寡不敌众而被捕。被捕后，董日钟遭受种种酷刑，但坚贞不屈，视死如归，直至牺牲前还告诉乡亲们"要团结起来，跟共产党走，跟红军走"，始终保持了共产党员的高贵品质。翌日，董日钟等同志被杀害于常山城郊。区委副书记温典云隐蔽在章舍坑脱石坞山岗上，此时他头部已负重伤，在弹尽粮绝、精疲力竭、神志昏迷的情况下，于2月16日被敌抓获，押至芙蓉时已奄奄一息，但敌人在过堂时仍施以酷刑。温典云同志怒视群魔，始终未供一词。第二天，他壮烈牺牲于芙蓉。

2. "对党忠诚，依靠群众，艰苦奋斗，百折不挠"的麻山革命精神

董日钟任中共西源区委书记，兼任苏维埃政府主席和区游击队队长，温典云任区委副书记兼副区长，西源区委下属先后建立11个支部，有党员60余人。大革命失败后，全国各地还能燃起"工农武装割据"的燎原之火，靠的就是具有一批对党忠诚的革命仁人志士。他们率领区游击队开展武装斗争，打击敌人反动气焰，鼓舞人民群众的斗志；掌握党的政策，分化瓦解敌人；建立服装制作、采购运输机构，为红军提供军用物资等。"麻山革命精神"的另一显著特点就是依靠群众开展革命运动，西源游击根据地的建立、"上名字"运动、打土豪斗争等都是在密切联系群众、依靠群众的基础上取得的成果。西源区委及区苏维埃政府、区游击队在西源活动期间，纪律严明，对待百姓和蔼可亲，深受当地老百姓的拥护和支持。百姓主动配合红军打击敌人，上麻山7户人家就有11个青壮年多次配合红军参加战斗。

（三）制度要素

1. "不拿群众一针一线"的红军铁律

1934年9月，红军抗日先遣队侦察部队袭取了常山城。来到离常山五十余里的芳村后，红军挨家挨户地叩门安抚当地百姓，用钱币购买物资，严守"不拿群众一针一线"的纪律。于是，一个姓鲁的店主打开货柜将食品全部卖给红军，红军还向他借了一只锅。第二天一早，红军就开拔了，提前归还了铁锅，还支付了钱款，在当地传为美谈。

2. 以庭院为中心的布局形式

常山西源革命纪念馆，又叫"闽浙赣皖土地革命战争浙西纪念馆"，是衢州市首个综合性革命纪念馆。建筑形象上采用传统的"面子"、现代的"里子"作为表现要素，建筑空间则以庭院为中心，合理布置参观流线，形成一个中轴对称、左右平衡、对外封闭、对内开敞的整体建筑形态。

二、核心基因提取与评价

基于对材料的全面、深入分析,得出本文化元素的核心基因:"传统与现代风格结合的纪念馆建筑""革命起源地——麻山兄弟会旧址""'对党忠诚,依靠群众,艰苦奋斗,百折不挠'的麻山革命精神"。

常山西源革命纪念馆核心文化基因评价依据

评价项目	评价因子	评价依据(特点)	是否
生命力评价	文化基因存续的时间	自出现起延续至今,未曾明显中断	√
		自出现起延续至今,但多次衰微、中断后复兴	
		曾明显衰败,改革开放后开始复兴或历史溯源关键环节缺失,难以考证	
		文化形态主体已灭失,现存部分痕迹	
	文化基因的稳定性	在发展过程中保持相当稳定的状态	√
		在发展过程中存在明显的精神内涵、表现形式剧变	
凝聚力评价	文化基因的凝聚力及社会动员效果	曾广泛凝聚起区域群体的力量,显著推动过社会经济文化的发展	√
		曾部分凝聚起区域群体力量,对社会经济文化的发展产生过影响	
		凝聚过力量,创造过实际的发展动能,但未见对社会经济文化发展产生显著改变	
		仅在历史文献或口耳相传中存在,未见实际介入社会经济发展	

续表

评价项目	评价因子	评价依据（特点）	是	否
影响力评价	辐射的范围	具有全国性、世界性的影响力		
		具有长三角区域、浙江省影响力		
		具有市县、乡镇影响力	√	
	提炼的高度	已经被古代文人士大夫和当代学者提炼为精神符号和理念理论	√	
		单纯的样式、造型、工艺技术规范		
发展力评价	与当代精神追求和价值观念的契合	传统文化基因得到创造性转化、创新性发展；区域革命文化基因被完整继承、广泛弘扬；区域社会主义先进文化基因成为与浙江"三个地"相适应的文化高地	√	
		部分转化、部分弘扬、部分发展		
		难以转化、难以弘扬、难以发展		

说明：基因特点评价是对解码出来的基因，根据本《导则》表2的要求，围绕"四个力"逐一对表打"√"，进行定性表述

（一）生命力评价

常山西源革命纪念馆以1927年至1937年闽浙赣皖边区土地革命战争为发展脉络，通过大量珍贵的史料展陈，回顾闽浙赣皖革命斗争的艰苦岁月，讴歌浙西一翼土地革命战争中革命志士的伟大品格，弘扬"对党忠诚，依靠群众，艰苦奋斗，百折不挠"的麻山革命精神。通过史料、革命故事的传播演绎，革命志士和人民群众的品格与精神为当代人所熟知，形成了顽强的生命力。因此，"传统与现代风格结合的纪念馆建筑""革命起源地——麻山兄弟会旧址""'对党忠诚，依靠群众，艰苦奋斗，百折不挠'的麻山革命精神"自出现起延续至今，未曾明显中断，在发展过程中保持着相当稳定的状态。

（二）凝聚力评价

常山西源革命纪念馆是浙西一翼土地革命战争历史的重要载体，它的创建在弘扬红色文化、促进革命遗址保护、推动地方经济发展方面具有重大意义，激励了广大党员、干部和群众牢记革命历史、缅怀革命先烈、弘扬革命精神。当前，纪念馆所在的西源村在红色景区的建设基础上，配套融入绿色景观建设，打造美丽乡村节点景观带，做深红绿融合文章。同时，常山西源革命纪念馆的建设还为当地村集体建立的红色驿站提供了餐饮和住宿收入，为当地村民带来了收入，带动了当地经济的发展。纪念馆带动了西源村集体经济的发展，实现了以红色带绿色，以产业促发展，撬动美丽乡村建设的新活力。

（三）影响力评价

中共西源区委建立的西源游击根据地是常山县历史上唯一的红色游击根据地，也是土地革命战争时期皖浙赣边区三年游击战争的重要组成部分，早在1932年10月，中共赣东北省委指派邵式平、吴先民等到西源一带开展革命活动，发展贫苦农民加入"兄弟会"。同时，西源村是常山县域内最早诞生中国共产党组织的所在地，是常山县第一个苏维埃政府的所在地，西源区游击队乃至浙皖独立营在此开展过轰轰烈烈的游击斗争，具有重要的历史价值。中国工农红军北上抗日先遣队两次转战常山至淳安白马等地，均经过西源一带，留下了回龙桥战斗遗址和白马战斗遗址，在常山县周边地区具有较强的影响力。因此，其核心基因已经被提炼为精神符号和理念理论，具有市县、乡镇影响力。

（四）发展力评价

近年来，西源村依托丰富的山水资源，大力发展乡村休闲旅游，作为新昌乡"三塘一源"（指黄塘村、郭塘村、达塘村和西源村）旅游发展战略中的一员，已被纳入"远山云水"休闲圈。西源村抢抓机遇，上下同心，扎实做好"乡旅"这篇文章，全力打造"梦西源"旅游品牌。在村两委干部的齐心努力下，村庄基础设施不断健全，环境面貌发生新变化，村民致富开启新路子，村庄发展建设呈现新景象。2018年，常山县委提出"历史为现实所用"的指示，努力把资源优势转化为乡村振兴的亮点来挖掘、拓展和打造。在这样的时代机遇大背景下，西源红色文化旅游景区建设项目应运而生。西源红色文化旅游景区项目包含"一馆两址一中心"，一馆是常山西源革命纪念馆，二址是麻山兄弟会旧址和徐坑区委旧址，一中心是游客接待中心。为进一步做大"浙西地区规模最大、档次最高、史料最全的综合性革命纪念馆"这一红色名片，西源村谋划了仙人谷景区、龙龟洞景区、大唐养生谷、燕窝居等10个项目，努力打造"红色＋绿色＋古色"旅游精品线路。因此，在西源村红色革命文化和旅游发展取得空前发展的前提下，其核心基因被完整继承、广泛弘扬。

三、核心基因保存

"传统与现代风格结合的纪念馆建筑""革命起源地——麻山兄弟会旧址""'对党忠诚,依靠群众,艰苦奋斗,百折不挠'的麻山革命精神"作为"常山西源革命纪念馆"的核心基因,资料保存如下:

《常山西源革命纪念馆》《麻山小故事》《中共常山西源区委革命斗争史》等5项文字资料保存于常山县文化基因解码调查组资料库。

"兄弟会"旧址和玉米棚等当年革命先烈董日钟、温典云等同志在此开展地下革命活动的场所保存于常山县麻山自然村,红军当年使用的生活物资、武器等保存于常山西源革命纪念馆。

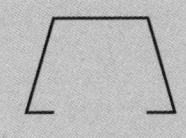

《琼奴与苕郎》

宋诗之河 常山文化基因

《琼奴与苕郎》

《琼奴与苕郎》是以宋代民间少女王琼奴与徐苕郎曲折离奇的爱情为主要内容的传说故事。故事情节起伏跌宕，内容凄美绝伦，被誉为常山版"梁祝"。明代李昌祺的《剪灯余话》、周复俊的《泾林杂记》、冯梦龙的《情史类略》以及清代靓芬女史的《女聊斋志异》等古籍，都较为详细地记载了这一故事。进入21世纪后，王琼奴与徐苕郎的爱情故事被搬上荧屏进行演绎，获得观众的一致好评和热烈追捧。

　　明朝时，浙江常山有一女姓王，名琼奴，2岁时父亲去世，母亲童氏带着她改嫁到沈必贵家。沈家没有孩子，爱琼奴胜过自己亲生。琼奴长到14岁时，娇媚无比，诗书棋画无所不通，因此求婚的人很多，本村徐、刘两家尤为恳切。两家小伙子都和琼奴同岁，且都仪表堂堂，但徐家清贫、刘家富有，琼奴的父母一直拿不定主意和谁家联姻。

家族中有威望的人给出了个当面试才的主意。于是沈家择了吉日，大摆宴席，刘、徐两家也都领儿子前来。刘家的儿子刘汉老虽然衣冠华丽，但却显得傲慢而做作；徐家的儿子徐苕郎装束朴实，大方自如。众人一见两个后生，心中早已分出优劣了，于是指着墙上挂的四幅画让两人即刻赋诗。刘汉老平时游手好闲，懒得读书，不能赋诗。徐苕郎从容自若，四首吟毕，满堂喝彩。于是，徐苕郎和王琼奴的婚事就议定了。

沈家非常喜欢徐苕郎，让他到自己家读书。一次，琼奴的母亲生病，苕郎来探望，恰好琼奴服侍母亲吃药，躲避不及见了面，心中十分喜欢。回到书房后，苕郎让丫鬟捎给琼奴一幅红笺。琼奴拆开一看，只是空白纸一张，便题诗一绝，曰："茜色霞笺照面赪，玉郎何事太多情。风流不是无佳句，两字相思写不成。"苕郎见诗非常高兴，并把这种情绪在刘汉老面前流露出来。

刘汉老见苕郎如此，心里火上浇油，不时怂恿父亲为他出气。于是，刘家诬告徐家和沈家，使苕郎到辽阳充军，沈必贵则被发配岭南，全家随从。从此琼奴与苕郎天各一方，全无音信。

不久，沈必贵去世，母女二人只得以卖酒为生。当地有一个领兵的权贵姓吴，想要娶她做小妾。童氏以女儿已定亲为由，断然拒绝，吴总兵知情后反而要抢婚。琼奴流着泪说："苕郎是为我才遭祸的，要背信于他，于心何忍？逼急了，只好一死了事！"又赋《满庭芳》以自誓。这天夜深人静时，琼奴悬梁自尽，幸被母亲发觉，慌忙救下，才苏醒过来。吴总兵知道此事后大怒，派人前去封锁房子，以此逼迫母女二人屈服。当时同乡杜君在驿站工作，便在站里借了一间房子，让母女暂住。

一天，有几个军卒到驿站投宿，童氏见其中一个人不停打量自己，欲言又止，心事重重，就问他原因。此人回答："我姓徐，浙江常山人，早年和王琼奴定下婚事，后因人陷害，离别几年了，方才进屋后，见你和我岳母大人十分相像，心里觉得很不好受。"童氏一听，急忙把此事告诉女儿，

·064·

琼奴又让母亲将那人细细盘问一番，确认是苕郎后，便和他相见。童氏将此事解释给杜君和苕郎的同伴听，大家都感叹不已，帮助两人完了婚。苕郎同伴们商量让苕郎在这里住些日子，大家替苕郎完成差事。琼奴夫妻二人感激不尽，备了一桌酒菜为他们送别。

吴总兵得知琼奴已完婚，气得暴跳如雷，以逃兵为名把苕郎抓起来，活活打死，并把尸体藏了起来，又派人前去威胁母女二人，如不从命，就是同样下场。琼奴暗示母亲应允了，后对母亲说："我只有一死，才能对得起苕郎，免得被狂暴侮辱。"母亲听后，放声大哭。恰巧这天傍晚，监察御史傅公来到驿站，琼奴仰天大呼："我丈夫的冤枉可以昭雪了！"她立即写了张状子告到傅公那里。傅公审

理了此案，只是苦于找不到尸体，拿不到证据。正在这时，厅前忽然刮起了羊角风，傅公便祈祷说："如果死魂有知，应该引导我找到物证。"说完，羊角风果然旋转到马前引路，直奔吴家地窖前，吹散了灰土，露出了尸体。真相大白后，吴总兵当即伏法，王琼奴的仇终于得报。

傅公命州官在城外埋葬苕郎。琼奴哭送，自己跳到坟旁水塘中自杀。傅公又命人把琼奴也埋葬在那里。傅公向皇帝奏明此事。皇帝下旨，由礼部表彰她的坟为"贤义妇之墓"。童氏也由官府供给衣食，优养终身。

王琼奴与徐苕郎的爱情故事充满了传奇色彩，以爱情悲剧为线索，对暴虐成性、鱼肉百姓的官吏豪强进行了控诉，赞美了琼奴这一坚贞不屈的女性，给她蒙上了浓厚的传奇色彩，反映了当时人民对爱情的渴望与对美好生活的向往。

一、要素分解

（一）精神要素

顷刻成诗的绝世才情

面对沈家堂前的四幅画，徐苕郎从容执笔，顷刻之间就吟咏成稿，挥毫立就。

第一首诗是《惜花春起早》，诗曰："胭脂晓破湘桃萼，露重荼蘪香雪落。媚紫浓遮刺绣窗，娇红斜映秋千索。辘轳惊梦急起来，梳云未暇临妆台。笑呼侍女秉明烛，先照海棠开未开。"

第二首诗是《爱月夜眠迟》，诗曰："香肩半觯金钗卸，寂寂重门锁深夜。素魄初离碧海堧，清光已透朱帘罅。徘徊不语倚栏杆，参横斗落风露寒。小娃低语唤归寝，犹过蔷薇架后看。"

第三首诗是《掬水月在手》，诗曰："银塘水满蟾光吐，嫦娥夜夜冯夷府。荡漾明珠若可扪，分明兔颖如堪数。美人自挹濯春葱，忽讶冰轮在掌中。女伴临流笑相语，指尖擎出广寒宫。"

第四首诗是《弄花香满衣》，诗曰："铃声响处东风急，红紫丛边久凝立。素手攀条恐刺伤，金莲移步嫌苔湿。幽芳撷罢掩兰堂，馥郁余馨满绣房。蜂蝶纷纷入窗户，飞来飞去绕罗裳。"

赴会者众口一词，说苕郎是人好文才也好。苕郎和琼奴的婚事，也就由沈耕云和沈必贵做主定了下来。

（二）制度要素
1. 征诗择婿的招亲仪式

同乡的徐、刘两家为子向沈家求婚，沈家犹豫迟疑不决，于是求教于族人中的有识之士。族人帮他出谋划策、备好酒席，把徐、刘两家的父子请来饮酒，再请一个擅长诗词曲赋和察言观色的前辈暗中观察，一来看看年轻人的器量如何，二来试试诗词文墨怎样。沈必贵深以为然，于二月十二日设宴招待宾客，凡是乡里有名望的才俊之士，都被邀请集聚在沈家庭院作诗饮酒，比试才情，是为征诗择婿的招亲仪式。

2. 丰富多彩的艺术载体

琼奴与苕郎的爱情故事传说源远流长，艺术表现形式多样。明代李昌祺的《剪灯余话》、周复俊的《泾林杂记》、冯梦龙的《情史类略》，清代靓芬女史的《女聊斋志异》等古籍，都较为详细地记载了王琼奴和徐苕郎的爱情传说。20世纪20年代初，川剧研究者尹昌龄以王琼奴的传说为蓝本，编写了大型川剧《离燕哀》，10万多字，它与赵熙的《情探》、冉樵子的《刀笔误》被称为近代川剧的"三大名剧"。2015年，根据琼奴与苕郎故事改编的大型越剧《琼奴与苕郎》于衢州学院完成首演，获得观众的一致好评和当地百姓的热烈追捧。

（三）语言和象征符号
对爱情坚贞不屈的女性形象

面对吴总兵的无耻逼婚，琼奴哭着对母亲说："徐家遭受祸害，本来就是由我而起，倘如我再另外嫁人，背弃他们是不道义的，况且人不同于禽兽的地方，是因为有诚信，抛弃旧日的相好而去寻求新欢，这是忘掉诚信，如果忘掉诚信，或许连猪狗都不如。女儿只有一死而已，怎么肯再嫁给别人呢？"于是琼奴填《满庭芳》一阕，用以自誓："彩凤分群，文鸳失侣，红云路隔天台。旧时院落,画栋积尘埃。谩有玉京离燕,向东风似诉悲哀。主人去,卷帘恩重,空屋亦飞来。

泾阳憔悴女,不逢柳毅,书信难裁。叹金钗脱股,宝镜离台。万里辽阳郎去也,甚日重回?丁香树,含花到死,肯傍别人开?"当夜琼奴决计在自己的房间里以死明志。

二、核心基因提取与评价

基于对材料的全面、深入分析，得出本文化元素的核心基因："顷刻成诗的绝世才情""丰富多彩的艺术载体""对爱情坚贞不屈的女性形象"。

《琼奴与苕郎》核心文化基因评价依据

评价项目	评价因子	评价依据（特点）	是否
生命力评价	文化基因存续的时间	自出现起延续至今，未曾明显中断	√
		自出现起延续至今，但多次衰微、中断后复兴	
		曾明显衰败，改革开放后开始复兴或历史溯源关键环节缺失，难以考证	
		文化形态主体已灭失，现存部分痕迹	
	文化基因的稳定性	在发展过程中保持相当稳定的状态	√
		在发展过程中存在明显的精神内涵、表现形式剧变	
凝聚力评价	文化基因的凝聚力及社会动员效果	曾广泛凝聚起区域群体的力量，显著推动过社会经济文化的发展	
		曾部分凝聚起区域群体力量，对社会经济文化的发展产生过影响	√
		凝聚过力量，创造过实际的发展动能，但未见对社会经济文化发展产生显著改变	
		仅在历史文献或口耳相传中存在，未见实际介入社会经济发展	

续表

评价项目	评价因子	评价依据（特点）	是否
影响力评价	辐射的范围	具有全国性、世界性的影响力	√
		具有长三角区域、浙江省影响力	
		具有市县、乡镇影响力	
	提炼的高度	已经被古代文人士大夫和当代学者提炼为精神符号和理念理论	√
		单纯的样式、造型、工艺技术规范	
发展力评价	与当代精神追求和价值观念的契合	传统文化基因得到创造性转化、创新性发展；区域革命文化基因被完整继承、广泛弘扬；区域社会主义先进文化基因成为与浙江"三个地"相适应的文化高地	√
		部分转化、部分弘扬、部分发展	
		难以转化、难以弘扬、难以发展	

说明：基因特点评价是对解码出来的基因，根据本《导则》表2的要求，围绕"四个力"逐一对表打"√"，进行定性表述

（一）生命力评价

《琼奴与苕郎》是以宋代民间少女王琼奴与徐苕郎曲折离奇的爱情为主要内容的传说故事。明代李昌祺的《剪灯余话》、周复俊的《泾林杂记》、冯梦龙的《情史类略》以及清代靓芬女史的《女聊斋志异》等都有记载。20世纪20年代初，川剧研究者尹昌龄以王琼奴的传说为蓝本创作大型川剧《离燕哀》，其被列入川剧"三大名剧"。2015年，大型越剧《琼奴与苕郎》于衢州学院首演成功。因此，琼奴与苕郎传说故事流传了千百年，并通过小说、戏剧等形式得到了传承，具有较为强大的生命力。

（二）凝聚力评价

王琼奴和徐苕郎的爱情传说历史悠久，源远流长，它来自

广大人民群众的日常生活,代代相传、经久不衰,反映了人民群众对历史的认识和了解,寄托了他们对平等、自由、幸福生活的向往,同时作品中诗词歌赋极多,具有深厚的文学价值。因此,其核心基因"顷刻成诗的绝世才情""丰富多彩的艺术载体""对爱情坚贞不屈的女性形象"曾部分凝聚起区域群体力量,对社会经济文化的发展产生过影响。

(三)影响力评价

王琼奴是宋代常山县城人氏,文采卓然,她与徐苕郎之间凄美绝伦的爱情故事,令人盈泪动容,被誉为常山版"梁祝"。诸多古籍都较为详细地记载了王琼奴和徐苕郎的爱情传说。如今,古老的故事经过作家的再创作,以受众喜闻乐见的戏剧得以重现,扩充了传播方式,扩大了影响力。其核心基因在小说、越剧、川剧等艺术形式中得以传承,并在国内各地的阅读和演出中得以呈现。因此,三大核心基因已经被古代文人士大夫和当代学者提炼为精神符号和理念理论,具有全国性、世界性的影响力。

(四)发展力评价

《琼奴与苕郎》在常山一带妇孺皆知,是常山版的"梁祝",已被列入浙江省非物质文化遗产名录。2015年,经过当地有关部门和民间院团精心策划、创作和排练,这个民间故事成为一台大型原创越剧。同时,以琼奴与苕郎为主题的文化节、艺术节成为近年来常山文化旅游项目的亮点,为《琼奴与苕郎》文化基因的传承和发展提供了良好的平台。因此,其核心基因与当代精神追求和价值观念相契合,具有创造性转化、创新性发展的潜力。

三、核心基因保存

"顷刻成诗的绝世才情""丰富多彩的艺术载体""对爱情坚贞不屈的女性形象"作为"《琼奴与苕郎》"的核心基因,资料保存情况如下:

《浅析〈琼奴传〉的主题与情节处理》《"琼奴"出典小考》等文字资料保存于常山县文化基因解码调查组资料库。另外,出版物有《常山县志》《王琼奴》《民俗大观》《琼奴与苕郎》等。

越剧《琼奴与苕郎》剧照等 20 项图片资料保存于常山县文化基因解码调查组资料库。

越剧《琼奴与苕郎》演出视频保存于常山县文化基因解码调查组资料库。

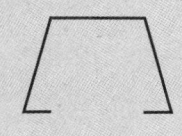

常山喝彩歌谣

宋诗之河　常山文化基因

常山喝彩歌谣

常山县位于衢州以西,与江西毗邻,素有"八省通衢、两浙首站"之称,与周边省市文化交流频繁,同时民众分散居住,使得民间文化习俗保存较为完整,其中最有特色的当属喝彩歌谣。

常山喝彩歌谣是一种民间歌谣,常在结婚、上梁、祝寿、春种、秋收、开业时歌唱,以图吉利和喜庆,主要流传于浙江省衢州市常山县境内,在浙江省其他地区以及湖南省、湖北省也有流传。此外,韩国、日本、德国等国家也存在内容、仪式大致相同的喝彩习俗。

"喝彩"一词,原指人们在玩掷骰子时"呼喝作势,希望得彩"之动作,后来引申为"高声叫好,称颂赞美"的意思。

在民间喝彩习俗的种类较多，大致可分为四大类——风俗喝彩（如举行结婚仪式时的喝彩）、节令喝彩（如元宵节舞龙灯时的喝彩）、行业喝彩（如商店开张庆贺时的喝彩）、劳动喝彩（如榨油号子歌，类同于劳动歌谣），基本涵盖民间日常生产生活的各个重要场合。虽然我国其他地区也有喝彩歌谣，但常山喝彩歌谣彩词保存最完整、演绎仪式最讲究。目前，仅在常山县搜集到的彩词已达1000多条，20多万字。

喝彩歌谣传承年代久远，习俗覆盖范围广阔。从喝彩歌谣中最具代表性的上梁喝彩来看，这一习俗至少可以追溯到魏晋时期。北魏时期温子昇（495—547）的《阊阖门上梁祝文》被称为"上梁文之母"（上梁文，即今天的上梁喝彩词）。这篇祝文字句对仗工整，语句押韵，透着祝福之意，现在流传的上梁喝彩词与其可谓一脉相传。可见在北魏时期就已经有了上梁喝彩的习俗。

在传统文人眼里，上梁文是不登大雅之堂的雕虫小技，然而到了明清时期，上梁喝彩已普及全国各地。徐师曾《文体明辨序说》、刘师培《论文杂记》、彭元瑞《宋四六选》等文专门对"上梁文"这一文体进行了解说。从目前掌握的情况来看，几乎全国各地都有上梁文存世。除汉族外，土家族、苗族、满族、布依族等少数民族也有上梁喝彩的习俗。在国外，朝鲜、日本等也有上梁习俗，而且有许多精品上梁文留存于世，如韩国民族文化推进会出版的《韩国文集丛刊》，共收上梁文约400篇，日本中岩圆月的《百丈法堂上梁文》等。

常山境内存有大量的彩词文本。《球川镇志》记载，民间闹新房喝彩歌谣在球川镇已有四五百年的历史。喝彩一般是通过父子、师徒口传心授，留传的彩词文本较少。目前常山最早的喝彩文本是清光绪二十二年（1896）的《贤良词》。此外还有民间手抄留传下来的《贺房词》《魏德南立彩书》等光绪或民国年间的彩词文本，以及记录了彩词歌唱韵律的《彩词韵律》一书。20世纪80年代以来，常山喝彩歌谣得到较为全面的梳理，在民间收集了大量的彩词文本，涵盖婚礼、寿庆、宴会、上梁、迁居、丧礼等不同的场合，汇编成《常山民俗风情集——喝彩歌谣》《常山喝彩歌谣》《民间上梁喝彩习俗》等书，对常山喝彩歌谣的宣传和保护起到了重要作用。

常山喝彩歌谣具有鲜明的艺术和地方文化特征，主要表现在六个方面：内容的多样性，鲜明的文学性，强烈的互动性，浓郁的地方性，悠久的历史性，突出的伦理性。常山喝彩歌谣是民间文化中的伴生礼俗和增色仪式。它在表达形态上形式简单，服务生活；在美好梦想中祈福祝愿，寄托情感。因此，它对于音乐、仪式、民族史、文化史、人类学等方面的研究都有重要的价值。

一、要素分解

（一）物质要素

1. 丰富的喝彩内容

数百年来，常山喝彩歌谣在传承中发展，在发展中传承，内容得到了不断扩展和丰富，大致可归并为四类：一是风俗喝彩，如举行结婚仪式、建造新屋时的喝彩；二是节令喝彩，如迎新年贺新春、闹元宵舞龙灯时的喝彩；三是行业喝彩，如企业开张、店行庆典时的喝彩；四是劳动喝彩，如榨油号子、打夯号子等在劳动时的喝彩。其中风俗喝彩最为常见，已成为民间传统习俗。

2. 广泛的流传范围

常山喝彩歌谣流传广泛，如今在浙江常山周边地区的开化、江山、柯城、奉化、乐清、泰顺较为盛行，江西玉山县、抚州市、新干县、安远县，湖南石门县、安乡县，湖北省孝感市等地也有上梁喝彩的传承。此外，在韩国、日本、德国等国家也存在内容、仪式大致相同的喝彩习俗。

3. 与当地百姓生产生活息息相关

喝彩，原指人们在玩掷骰子时"呼喝作势，希望得彩"之动作，后来引申为"高声叫好，称颂赞美"的意思。在民间喝彩习俗活动中，基本涵盖民间婚丧喜庆的各个重要场合，与老百姓的生产生活息息相关。

4. 常山喝彩歌谣展示馆

常山喝彩歌谣展示馆为国家级非遗项目常山县喝彩歌谣传承基地。古县村作为常山喝彩歌谣的发祥地，为进一步挖掘、展现常山喝彩歌谣厚重的历史和文化积淀，利用乡贤捐赠的老旧建筑建成了常山县第一个喝彩歌谣展示馆，馆内展厅面积150平方米，内设上梁喝彩展厅、婚庆喝彩展厅两个小展厅和一个大展厅，展示喝彩文化近400年的历史变迁，并组建民间喝彩师团队，聘请喝彩歌谣传承人曾令兵不定期为村民进行喝彩培训和展演。展馆二楼是贤德书院，也是当地传承喝彩文化、传统文化的重要阵地。展馆收集了1000多首《喝彩歌谣》彩词，复活了许多几近失传的唱腔，并将其重新呈现在世人眼前，表达了中华民族传统文化生生不息的力量。同时，展馆积极邀请喝彩师到馆内表演、授课，组织中小学生前来研学、参观，是常山县对外展示喝彩活态传承的窗口。

（二）精神要素

1. 对幸福生活的向往

常山喝彩歌谣的彩词中往往蕴含着当地人民对幸福生活的向往，比如，婚庆活动中迎接新娘、结婚拜堂、喝交杯酒、进入洞房等环节都伴有喝彩歌声，从天地家园、国泰民安、新房摆设到新娘体态、容貌、衣着、心情，新人敬烟、敬酒、敬茶、喝汤等内容均用喝彩歌谣的形式唱出来，贯穿说媒、打喜、迎亲、闹喜、催妆、闹新房、炒果子、开箱、回亲等二十六大婚庆习俗的每个环节，不同习俗环节有不同的喝彩词，营造出喜庆热闹的欢乐气氛，表达了劳动人民对幸福生活的向往与追求。

2. 传统与现代相结合的时代精神

历代《常山县志》和《球川镇志》及诸多家谱记载，常山喝彩已有超过千年的历史，这一习俗，历经各朝各代，文人修饰润色、百姓口头传唱，使喝彩歌谣成为传统与现代相结合的重要契合点。它成了常山在婚礼等一些喜庆场合进行歌唱的民间歌谣，也在历史的传承中结合现代元素进行了改编，使喝彩歌更有现代特色，更好地融入了现代社会。

（三）制度要素
1. 喜庆热闹的上梁喝彩仪式
上梁喝彩习俗是指民间在新房竣工前，安装屋顶那根最大的主梁时举行的祭祀仪式。每逢人们操办房屋上梁时，东家都会提前备好三牲和祭祀道具，由专职司仪按照固定程序，一边高唱喝彩词，一边举行祭祀仪式，主人和亲朋好友则在一旁围观附和，以壮声势。上梁喝彩包含一套完整的仪式流程——选梁、偷梁、做梁、守梁、开场、祝梁、祭梁、升梁、浇梁、抛梁、晒梁等。

2. 以仪式歌为发展基础
从喝彩歌谣的歌唱形式和彩词来看，喝彩歌谣最早是由仪式歌发展而来。原始人类由于认识的局限性和生产水平低下，抵御自然灾害和疾病的能力很弱，认为一切都由神灵主宰，为了求得安康与丰收，无论狩猎、农耕、放牧、采集、捕鱼还是部落战争，都要举行求神、酬神、谢神祭祀仪式，仪式歌应运而生。随着社会的发展，

仪式歌逐步扩大了其内容范围，形成了与农业生产有关的求雨歌、春牛歌，与节令有关的祭灶君歌、乞巧歌，与人生礼仪有关的洗三朝歌、婚礼歌、祝寿歌、丧葬歌，与喜庆宴会有关的酒歌、宴席歌，以及与民居建筑有关的立栏歌、上梁歌等。这些歌曲共同成为喝彩歌谣的前身。

3. 父子、师徒口传心授和非遗传承人

过去，常山县境内的喝彩歌谣传承，一般是通过父子、师徒口传心授。现有非遗传承人制度，目前常山喝彩歌谣的代表性传承人是招贤镇的老木匠曾祥泰先生。他熟练掌握了常山喝彩歌谣技艺，且传承有序，脉络清晰，从事喝彩活动55个春秋。他在孩提时入私塾，读过《三字经》、《百家姓》、四书五经等，民国年间改读新课本，15岁辍学，师从岳父刘朝训习木工和喝彩。1948年8月的一天，家乡有两户人家做喜事，一户人家上梁，一户人家结婚，师父忙不过来就让他去独当一面。时年16岁的他，去了上梁人家喝彩，那户王姓人家非常满意，从此，师父便经常让他去大户人家作喝彩事。1961年以后，在做木工期间，方圆百里请他喝彩者数不胜数。1970年后的8年间，他开始养蜂，周游了全国，依然坚持为人家喝彩。1980年以后，各地建造新房如雨后春笋，50岁的他，更忙着到各地喝彩。此外，曾祥泰还参与出版了不少喝彩书籍，有《常山喝彩歌谣》《常山民俗风情集——喝彩歌谣》《民间上梁喝彩习俗》等。2014年2月，县里举办元宵节非遗展演暨"薪火相传·美丽常山"专题文艺演出，曾祥泰携全家及弟子登台表演喝彩，一举荣获一等奖。2009年9月，曾祥泰被公布为浙江省非物质文化遗产常山喝彩歌谣传承人；2015年，被申报为国家级非物质文化遗产常山喝彩歌谣代表性传承人。此后，他不遗余力，积极传授技艺，在次子曾令兵创办的"常山县半典阁连环画博物馆"和常山实验小学、招贤中心小学等处建立了创作、培训园地。如今，他培养的徒弟有20多人，授训学生达500多人，有效推动了常山喝彩歌谣的传承与发展。

（四）语言和象征符号

1. 喝彩歌谣具有大众性

喝彩歌谣在常山的传承已有数百

年的历史,在常山民间有一种习俗,即有喜结良缘、新屋上梁、祝寿庆典等喜事时,当地人都会请喝彩师来喝彩,目的是图吉利、热闹、喜庆,这已经成了当地人的惯例。结婚、上梁、祝寿的喝彩内容各不相同,各有特点,形成具有鲜明地域特色的民间歌谣。喝彩师大部分为当地德高望重的长辈。常山喝彩歌谣彩词前后句讲究押韵、节奏感强;一声喝彩声起,众人与喝彩师相互呼应,排山倒海之势顿生,气氛热烈,场面震撼。在当地,不仅喝彩师能够传唱喝彩歌谣,一些民间艺人、有文化的年长者和其他爱好者也都能够传唱,具有广泛的群众基础,属于大众普及的民俗活动。

2. 彩词完整,内容丰富

常山喝彩歌谣彩词较为完整,全国其他地区也有喝彩歌谣类似的民间习俗,但相比之下,常山喝彩歌谣是迄今彩词保存最完整、演绎形式最讲究、形式内容最独特、群众基础最广泛、民间影响最深远的喝彩歌谣。历经数百年的传承发展,常山喝彩歌谣的内容得到了不断的完善和丰富,四类喝彩歌谣极具代表性:一是风俗喝彩,二是节令喝彩,三是行业喝彩,四是劳动喝彩。这四类喝彩中,风俗喝彩最为常见,并已成为民间传统习俗,为人们所接纳传承。彩词丰富是常山喝彩歌谣的鲜明特色。如婚庆喝彩,彩词就十分丰富。

3. 喝彩艺术具有鲜明的地方文化特征

常山喝彩歌谣具有鲜明的地方文化特征,内容具有多样性,文学性极强。如上梁喝彩,从开场到赞梁、敬梁直到抛梁、晒梁,各个阶段喝彩词各不相同,表现形式灵活多样,不拘一格,并穿插当地特有的方言说、唱、喝,达到内容与形式的和谐统一。例如升梁喝彩词:

伏以:

脚踏楼梯步步高,
荣华富贵起今朝。
脚踏一层梯,
一代子孙踏金阶。
脚踏二层梯,
二代子孙出宰相。
脚踏三层梯,
三神送上福禄寿。
脚踏四层梯,
黄金白玉落华堂。

脚踏五层梯，

五福盈门家吉祥。

脚踏六层梯，

六六大顺人丁旺。

脚踏七层梯，

七位仙女配令郎。

脚踏八层梯，

八仙过海来捧场。

脚踏九层梯，

九亲六眷福寿长。

4. 句式灵活、词音押韵的语言

常山喝彩歌谣彩词的形式有四字句、五字句甚至十字以上的长句，表现形式灵活多样、不拘一格，有时还可以用当地特有的方言进行说、唱、喝。常山喝彩歌谣鲜明的文学性、强烈的互动性、浓郁的地方性、悠久的历史性和突出的伦理性，是其长盛不衰的根本所在。喝彩歌谣彩词简明扼要、通俗易懂、朗朗上口，且多数句子押韵，便于记忆。彩词的前后句大多字数相同、节奏明快、内容健康、感召力强，容易引起百姓的共鸣。

二、核心基因提取与评价

基于对材料的全面、深入分析，得出本文化元素的核心基因："对幸福生活的向往""传统与现代相结合的时代精神""具有大众性和鲜明的地方文化特征"。

常山喝彩歌谣核心文化基因评价依据

评价项目	评价因子	评价依据（特点）	是否
生命力评价	文化基因存续的时间	自出现起延续至今，未曾明显中断	√
		自出现起延续至今，但多次衰微、中断后复兴	
		曾明显衰败，改革开放后开始复兴或历史溯源关键环节缺失，难以考证	
		文化形态主体已灭失，现存部分痕迹	
	文化基因的稳定性	在发展过程中保持相当稳定的状态	√
		在发展过程中存在明显的精神内涵、表现形式剧变	
凝聚力评价	文化基因的凝聚力及社会动员效果	曾广泛凝聚起区域群体的力量，显著推动过社会经济文化的发展	
		曾部分凝聚起区域群体力量，对社会经济文化的发展产生过影响	√
		凝聚过力量，创造过实际的发展动能，但未见对社会经济文化发展产生显著改变	
		仅在历史文献或口耳相传中存在，未见实际介入社会经济发展	

续表

评价项目	评价因子	评价依据（特点）	是否
影响力评价	辐射的范围	具有全国性、世界性的影响力	√
		具有长三角区域、浙江省影响力	
		具有市县、乡镇影响力	
	提炼的高度	已经被古代文人士大夫和当代学者提炼为精神符号和理念理论	√
		单纯的样式、造型、工艺技术规范	
发展力评价	与当代精神追求和价值观念的契合	传统文化基因得到创造性转化、创新性发展；区域革命文化基因被完整继承、广泛弘扬；区域社会主义先进文化基因成为与浙江"三个地"相适应的文化高地	√
		部分转化、部分弘扬、部分发展	
		难以转化、难以弘扬、难以发展	

说明：基因特点评价是对解码出来的基因，根据本《导则》表2的要求，围绕"四个力"逐一对表打"√"，进行定性表述

（一）生命力评价

常山喝彩歌谣几百年来不断发展、延续，形成了上梁喝彩、婚庆喝彩、丧事喝彩、生日或祝寿喝彩等不同的喝彩主题与内容，说明相关文化基因一直得到了较好的传承和发展，同时，不同的喝彩主题表达了不同生活生产情形下人民的物质和精神诉求，如新房竣工时喝彩是为祈福祛邪，新婚喜庆时喝彩是求婚姻生活的美满，生日祝寿喝彩是为健康长寿，丧事喝彩是为祝福故人、祈福后代。这些不同的诉求可以总结归纳为"对幸福生活的向往"，因此这一核心文化基因始终根植于喝彩歌谣中。另外，随着喝彩的传唱不断提炼、优化，内容更加简明扼要、通俗易懂，而且合辙押韵，便于记忆。

（二）凝聚力评价

"对幸福生活的向往""传统与现代相结合的时代精神""具有大众性和鲜明的地方文化特征"三大核心基因曾部分凝聚起区域群体力量，对社会经济文化的发展产生过影响。内容涵盖了民众日常生产生活的方方面面，增加了喝彩歌谣的亲和力，同时增添了喝彩歌谣的艺术性和趣味性。后两者作为喝彩歌谣的组成部分和核心基因，共同丰富了民众的日常生活，增加了民俗文化的底蕴和趣味。"对幸福生活的向往"核心基因则是所有传唱、聆听喝彩歌谣者最核心的诉求，上梁、婚礼、丧事、生日寿喜等民俗活动的举办以及日常工作都以此为出发点。因此，"对幸福生活的向往和追求"始终是鼓励民众努力劳作、追求幸福的第一力量，具有最强大的凝聚力和社会动员效果。

（三）影响力评价

喝彩习俗主要流传于浙江省衢州市常山县境内，在浙江省、江西省、湖南省的县市也有流传，甚至韩国、日本、德国等国家也存在内容、仪式大致相同的喝彩习俗，其内容不外乎祈求生活富足、出入平安，因此这类习俗的核心诉求应该也可以归结为"对幸福生活的向往"，这一核心文化基因是具有世界性的影响力的。而国内外的喝彩习俗在形式、内容上往往具有相似性，至少在我国国内是一致或者高度相似的，其喝彩主题也往往是婚丧嫁娶等人生礼俗，喝彩词也以句式灵活、合辙押韵为特点。因此，其核心基因至少具有全国性的影响力。

（四）发展力评价

鲜明的文学性、强烈的互动性、浓郁的地方性、悠久的历史性和突出的伦理性，是喝彩歌谣长盛不衰的根本原因所在，也因此常山喝彩歌谣具有了独特的历史价值和现实价值。这种接地气、原汁原味的民俗文化，节奏明快、内容健康、感召力强、形式多样且寄托情感，它的存在对于研究历史文化的多样性和独特性具有重要的价值。

三、核心基因保存

"对幸福生活的向往""传统与现代相结合的时代精神""具有大众性和鲜明的地方文化特征"作为"常山喝彩歌谣"的核心基因,资料保存情况如下:

《让喝彩歌谣代代传》《常山喝彩歌谣——老百姓唱响未来的美好心声》《民间建房"上梁"喝彩习俗探究——以常山县为样本》等6项文字资料保存于常山县文化基因解码调查组资料库。另外,出版物有《常山喝彩歌谣》《常山民俗风情集——喝彩歌谣》《常山历史文化丛书》《非遗集锦》《民俗大观》《民间上梁喝彩习俗》《常山县志》《贤良词》《贺房词》《魏德南立彩书》《彩词韵律》等。

《常山喝彩歌谣》等40项图片资料保存于常山县文化基因解码调查组资料库。

一门九进士

宋诗之河　常山文化基因

一门九进士

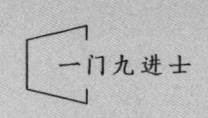

芙蓉章舍王氏是宋代常山地区进士家族的典型代表，以"一门九进士"的辉煌历史为人们所熟知。章舍王氏的先祖为王伟，原籍山西太原，生于浙江建德，宋咸平二年（999）登孙暨榜进士。北宋真宗咸平、景德年间，时任大理寺评事的王伟身负皇命，出巡江南，探访民情民意。在常山巡视期间，王伟因过度辛苦劳累，不幸遭急病而死。他的五个儿子陆续赶到常山奔丧，处理后事。据族谱载，王伟诸子为了父亲择地安葬，在常山县城附近寻访宝地多日，后来见常山城东芙蓉村山川秀丽，景色宜人，遂扶柩来葬。葬毕，其长子王言在墓旁建造了一个茅庐，为父守孝三年以尽孝道，当地人对王言的孝德无不交口称赞。后来王言就在芙蓉章舍村安家落户，王氏一族遂迁至常山，王氏后裔皆称王伟为章舍王氏始迁祖。

北宋天禧三年（1019），王言荣登进士榜，仕至太常寺少卿，赠金紫光禄大夫。子承父志，加官进爵，誉满芙蓉小山村。庆历六年（1046），王言的儿子王介也登上进士榜。嘉祐四年（1059），王介的弟弟王悆也荣登进士榜，"兄弟皆进士"成为民间佳话。最令人赞叹的是，从1073年起到1082年十年间，王介的三个儿子（王汉之、王沇之、王涣之）和王悆的儿子（王泫之）连续不断地荣登进士榜。宋徽宗重和元年（1118），王汉之的儿子王栎也登上了进士榜，时称"一门九进士"。王栎中进士时，王汉之还在任，父子都是京城高官，传为美谈。王氏一门九位进士，活跃在宋朝历史舞台各个时期，他们殚精竭虑、尽心尽职地服务于宋朝皇室，在政治、经济、文教、外交、司法、军事等各个领域功绩显著，影响深远。与此同时，王氏一门品性正直、豪爽，颇受同时代的文人士大夫欣赏与敬仰，故交游甚广。唐宋八大家之一的曾巩与王介私交甚密，并以"司家国之纲纪，秉朝廷之法律。良民见而怀归，豪强闻而怵惕"称赞其祖父王伟的品行和功绩。南宋绍兴二年（1132），状元张九成为王言撰词："清操天植，雅度性生，泽民格主，朝野蜚声。"大文豪苏东坡对王介的才学非常钦佩，曾作《同年王中甫挽词》悼之。后来，苏东坡在京口遇到王介长子王沇之，两人伤心而泣，又写下了《王中甫哀词（并叙）》。苏辙则在《苏辙集》对王悆亦有较高评价。王汉之先后在六部担任要职，曾深得宋徽宗喜爱，显赫一时，交游甚广。据上源村《王氏宗谱》载，南宋理学家朱熹对王介和王悆的儿子赞誉有加："汉之、沇之，熙宁、元丰间并掇巍科，功业隆盛，琼乎，莫与媲美。熹亦切景行之思焉。"爱才之情溢于言表。庆元五年（1199），状元曾从龙为王栎题词："节钺方面使相重臣。作朝廷之保障，秉阃外之令钧。"南宋民族英雄文天祥了解章舍王氏一脉事迹后，欣然为《王氏宗谱》写下了《题王氏像赞引》。

上源村《王氏宗谱》记载：方腊起义，时局不安，王汉之的直系元孙王翰，从章舍迁至今东案乡上源村安居，其后人又从章舍村迁移至今宋畈乡彭川村、下村、井坑、虹桥等处。

如今，上源村、彭川村和岩背村的王氏人口已有数千，常山王氏后裔依然是枝繁叶茂、人才济济。

一、要素分解

（一）物质要素

1. 庄重、古朴的世美坊

世美坊，坐落在东案乡底角村内，初建于宋，明嘉靖十七年（1538）重建。1988 年，常山县文物部门对该坊进行了局部维修，现保存基本完整。光绪《常山县志》载："世美坊，在县东上源，为王氏世科立。"今在金源一带的群众中仍流传着王家一门九进士之说。该坊额坊上用阴文行书刻有历代王家名臣及重建年月等纪文共 160 余字。从县志等各种文献记载中可发现，在当时，王家先后涌现多位国家栋梁之材。正中额坊

上刻阴文楷书"世美"二字。该坊为两柱三楼门式石坊，通高6.5米，两柱间跨距4米，方柱抹角，每柱用两块高2.5米的花形靠脚，条形柱础，小额坊月梁状，两端下部用雀替，明楼用斗拱两攒，柱头亦用斗拱，正脊用鸱吻。该坊庄重、古朴，具有明显的时代特征。1986年8月11日，世美坊被县人民政府公布为县级文物保护单位。2011年1月7日，世美坊被省人民政府公布为第六批省级文物保护单位。

2. 规模宏大、保存完好的王氏宗祠

王氏宗祠以布局规整、建筑规模宏大、保存完整而在常山现存古建筑中占有重要地位，其建筑艺术在常山宗祠中也属上乘。宗祠的照壁为一字形，卵石基础，由踏砌空斗青砖砌筑而成，并用白灰饰面，盖小青瓦。门前有近300平方米地坪，台基左右两侧立有两对不同造型的旗杆石，一对狮子戏球，高约1.25米，形状威武，原门面已毁。门墙为20世纪70年代重砌，正立面为一字形牌楼式，明间用墙面隐砌出砖砌两柱三楼式门楼，大门之上隐出砖砌额坊二重，左右次间用砖叠出檐。

门楼三开间，两坡顶土青瓦屋面，通面阔11.25米，通进深10米，楼层高2.3米，脊檩高6.6米，明间抬梁式，作一座歇山顶戏台，脊高7.4米。戏台顶部设八边形藻井，牛腿木雕华美秀丽，保存基本完好，八架椽屋，前双步廊用四柱，明间前廊曾有一座檐坊，歇山重檐顶，《王氏宗谱》中尚有檐枋的示意图留存。戏台明间有合板可拆卸，有重要事情可作为通道使用。次间穿斗式山柱分心用五柱，前廊作船篷轩顶，牛腿承托挑檐檩出檐，后檐柱为方形柱础和立柱，其余均为圆柱，硬山墙后檐作八字墙，墙上夔龙屋脊头栩栩如生，门楼两侧各有一个三开间的跨院，三合土地面，两坡顶马头山墙封护，面阔8.93米，进深6.65米，跨院两侧厢房有廊相连，廊间设天井门楼，后为中院，宽17.6米，深4.8米，采用卵石铺筑，中间甬道勾勒出圆形图案。中院两侧为连接门楼和世德堂的两坡顶厢房，面阔三间，土青瓦两坡顶屋面子孙瓦脊，马头墙封护。通面阔9.5米，通进深4.04米，脊檩高5.12米。梁架彻上露明造，明间抬梁式五檩用二柱，次间草架结构中柱分心用三柱，前檐用牛腿承托挑檐檩，后檐砖墙封护。

世德堂是王氏宗祠最重要的建筑，五开间，硬山造，马头墙封护，通面阔20.2米，通进深13.9米，脊檩高8.58米。世德堂前檐柱为方形柱础和立柱，柱础为石质鼓墩，下垫覆盆。明、次间为抬梁式结构十一架椽屋，明间双步廊带单步廊，后三单步廊用七柱，次间前后各带双步廊、单步廊用六柱，梢间山柱分心用七柱。前廊单步廊作船篷轩顶，与两厢下出，门厅后廊形成一个闭合的回廊。牛腿、琴坊、卷棚雀替精雕细刻，技艺精湛。

穿过前后廊山墙的拱券门，可进入原财神庙和土地祠。财神庙和土地祠各有两个小天井，面阔14.74米，进深4.4米。世德堂明间后金柱置屏风门，屏风门后的明间与神寝用穿堂（中庭）连接，形成一个工字厅，两侧各有一个小天井。穿堂（中庭）通面阔5.4米，通进深7.28米，顶部施八角形藻井，两侧设平基天花板，高4.7米，重檐歇山顶子孙瓦脊屋面。

神寝五开间，土青瓦两坡顶屋面子孙瓦脊，马头墙封护。通面阔20.2米，其中，明间面阔5.4米，次间面阔4米，梢间面阔3.4米，通进深9.6米，楼层高4.35米，脊檩高8.85米。神寝一层前檐和前外金柱为方形柱础和立柱，其余均为圆柱。明间一层抬梁式，二层中柱为穿斗式，前廊为平基天花轩廊，楼层明间中柱与后金柱之间设八角形藻井，上下两层前檐均用牛腿承托挑檐檩，后檐砖墙封护。次、梢间梁架均为穿斗式，九檩用五柱，中柱分心前出单步下檐廊与穿堂下檐相接，二层前檐廊与穿堂上檐相接。

厢房三开间，土青瓦两坡顶屋面子孙瓦脊，马头墙封护。面阔9.65米，进深6.05米。穿过神寝前廊山墙的拱券门，可以进入南、北耳房。两耳房土青瓦两坡顶子孙瓦脊屋面，马头墙封护。

面阔一间，各有一个小天井，通面阔3.8米，通进深5.65米。草架结构，五檩用五柱，中进分心前后单步梁，后檐砖墙封护。王氏宗祠现存建筑内的木雕人物、动物、花卉等，雕饰精湛，造型优美，一幅幅作品玲珑剔透，画面各异，栩栩如生。

（二）精神要素

1."仕宦常以不遇处之"的恬淡心境

王涣之，是王介第四子。北宋元丰二年（1079），王涣之登进士科，因未及授官年龄，特补武胜军节度推官。不久，调杭州教授。元丰八年（1085），任宣义郎，知颍上县，改越州教授。元祐中，为太学博士，校对黄本秘书。绍圣年间，出任卫州通判，元符元年（1098）召入编修《两朝鲁卫信录》。他生性淡泊，常言："乘车常以颠坠处之，乘舟常以覆溺处之，仕宦常以不遇处之，则无事矣！"其与世无争、温恭谦让的形象跃然纸上。

2. 直言力谏的士人气节

熙宁三年（1070），王安石拜相，实行新法，深受神宗称赞。王介因不满新法，持异议，上书力谏神宗"愿陛下师心勿师人"。王安石获悉后对其更加戒备，并暗中使绊。王介因之被罢官，闲居判鼓院。

3. 提携后进的师者风范

对于好学上进的晚辈后生，王介往往多加提携，体现出师者风范。在送人应举时，他赠诗"上林春色好，携手去来兮"，充满了激情和期盼；遇人落第时，他劝言"命也岂终否，时乎不暂留。勉哉藏素业，以待岁之秋"，充满了温情和勉励。

（三）制度要素

村北祠南的建筑布局

王氏族群古建筑符合朱熹提倡的祠堂"建于正寝之左"的建祠原则，是古代家族式村庄聚族而居的典范。整个族群在五行相生、群峰簇拥的良好人居环境下繁衍生息。王氏先人在溪的上流筑水坝，引流进村后，在上部拐了一个弯，并在中部挖了一个大塘，然后流经村居注入古坑。经几代人的努力，终于建成一条穿村沟渠，不仅改善了村庄的格局，而且方便了人们生活。村人对这条沟渠关爱备至，多少年来，一直保持及时疏浚使清水长流不受污染的良好习惯，至今仍是村中一景。

（四）语言与象征符号

一门九进士

"一门九进士"指芙蓉章舍王氏的王伟、王言、王介、王悆、王汉之、王沈之、王涣之、王沇之、王栎9人先后高中进士，成为民间佳话。

二、核心基因提取与评价

基于对材料的全面、深入分析,得出本文化元素的核心基因:"庄重、古朴的世美坊""规模宏大、保存完好的王氏宗祠""直言力谏的士人气节"。

一门九进士核心文化基因评价依据

评价项目	评价因子	评价依据(特点)	是否
生命力评价	文化基因存续的时间	自出现起延续至今,未曾明显中断	
		自出现起延续至今,但多次衰微、中断后复兴	√
		曾明显衰微,改革开放后开始复兴或历史溯源关键环节缺失,难以考证	
		文化形态主体已灭失,现存部分痕迹	
	文化基因的稳定性	在发展过程中保持相当稳定的状态	√
		在发展过程中存在明显的精神内涵、表现形式剧变	
凝聚力评价	文化基因的凝聚力及社会动员效果	曾广泛凝聚起区域群体的力量,显著推动过社会经济文化的发展	
		曾部分凝聚起区域群体力量,对社会经济文化的发展产生过影响	√
		凝聚过力量,创造过实际的发展动能,但未见对社会经济文化发展产生显著改变	
		仅在历史文献或口耳相传中存在,未见实际介入社会经济发展	

续表

评价项目	评价因子	评价依据（特点）	是否
影响力评价	辐射的范围	具有全国性、世界性的影响力	√
		具有长三角区域、浙江省影响力	
		具有市县、乡镇影响力	
	提炼的高度	已经被古代文人士大夫和当代学者提炼为精神符号和理念理论	√
		单纯的样式、造型、工艺技术规范	
发展力评价	与当代精神追求和价值观念的契合	传统文化基因得到创造性转化、创新性发展；区域革命文化基因被完整继承、广泛弘扬；区域社会主义先进文化基因成为与浙江"三个地"相适应的文化高地	√
		部分转化、部分弘扬、部分发展	
		难以转化、难以弘扬、难以发展	

说明：基因特点评价是对解码出来的基因，根据本《导则》表2的要求，围绕"四个力"逐一对表打"√"，进行定性表述

（一）生命力评价

王氏宗祠，建于北宋宣和七年（1125），清同治五年（1866）、民国二十五年（1936）两次重修，坐落在东案乡底角村内，与世美坊仅隔数米，坐东朝西，共三进，规模宏大，木雕精细，保存较完整。世美坊，坐落在东案乡底角村内，初建于宋，明嘉靖十七年（1538）重建，现保存基本完整。北宋熙宁三年（1070），王介因不满新法上书力谏神宗"愿陛下师心勿师人"的故事广为流传。因此，其核心基因具有强大的生命力。

（二）凝聚力评价

王氏宗祠和世美坊是王氏一门家族文化的传承场地。在宋代，王家就先后涌现了许多国家栋梁之材。同时，王氏一族谨遵前人古训，恪尽职守，勤勉努力。上源村、彭川村和岩背村

的王氏后人已发展至数千人，可谓人才济济，近20人在党政军部门任职或担任较高领导职务，10多人具有工程师、审计师、政工师、药剂师、技术师、高级教师等职称，还有1位是世界上首次全程漂过虎跳峡的人——中国长江科学考察漂流探险队队长王岩，荣记"特等功"一次。这些人才的形成发展离不开核心基因的影响和作用，凝聚力强大。

（三）影响力评价

北宋时期，王氏一族就有"一门九进士，历朝笏满床"之美誉。王氏宗祠，为亭台翘檐式建筑，整座建筑雕刻精细，全部建筑保存尚好，2011年被列为第六批省级文物保护单位。光绪《常山县志》载："世美坊，在县东上源，为王氏世科立。""世美"两字，正印证了王氏家族的文风沐浴此地千百载。王氏一族为官治学的史迹，与文士名流交往的典故流传至今，在国内具有较高的知名度。因此，"庄重、古朴的世美坊""规模宏大、保存完好的王氏宗祠""直言力谏的士人气节"三大核心基因已经被古代文人士大夫和当代学者提炼为精神符号和理念理论，具有全国性的影响力。

（四）发展力评价

王氏宗祠、世美坊是一组布局规整、时代特征明显的清晚期建筑群，它较好地保持了重建时的规模与形制，结构完整，规模较大，布局合理，用料讲究，是浙西一带较典型的宗祠建筑。宗祠周边石坊、石桥、溪坑以及村落等原始风貌保存较好，是研究衢州地区宗祠建筑发展史的重要实物例证，有较高的历史、科学、艺术价值。同时，作为古代封建社会的文人士大夫，王氏一族正直的品格和操守历来为人们所称道，与当代精神追求和价值观念相契合。因此，其核心基因具有创造性转化、创新性发展的潜力。

三、核心基因保存

"庄重、古朴的世美坊""规模宏大、保存完好的王氏宗祠""直言力谏的士人气节"作为"一门九进士"的核心基因,资料保存情况如下:

《常山王氏宗祠》《金源古村,一门九进士,王氏文风长》《贤良宗祠:见证上源王氏家族八百年》等7项文字资料保存于常山县文化基因解码调查组资料库。另外,出版物有《王中甫诗集》《芙蓉王氏宗谱》《论宋代科举户籍制》《宋史》《王氏宗谱原叙》《上源王氏:进士后裔遗风传》等。

《贤良宗祠》《世德堂》《世美坊》等33项图片资料保存于常山县文化基因解码调查组资料库。

王氏宗祠、世美坊位于浙江省常山县东案乡底角村。

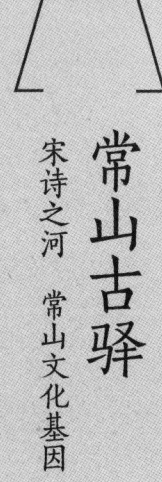

常山古驿

宋诗之河　常山文化基因

常山古驿

驿站是古代官府传递文书和军事情报途中的食宿、马匹供应场所。在常山县常玉古道八十里陆路的中点有一座古驿，名为"草坪驿"（一作草萍驿）。它历史悠久，自唐代以来就有驻军，先后设驿站、巡检。

明弘治年间，知县王锡在此立"两浙雄镇"坊，以抗击外敌入侵，保卫一方平安。此后，古驿还有乾隆火烧红梅寺、张天师宿草坪驿驱蚊等历史故事。历代文人如赵鼎、刘伯温、王守仁、徐霞客等都曾在草坪留有诗文。炮台山路石壁还刻有唐代刘长卿，宋代苏轼、曾巩、杨万里、辛弃疾、陆游等诗人的作品。

明代王守仁平定宁王叛乱，献俘北上时曾宿居草坪驿，留下《草萍驿次林见素韵奉寄》一诗。诗的前两联曰："山行风雪瘦能当，会喜江花照野航。本与宦途成懒散，颇因诗景受闲忙。"明正德十四年（1519），宁王朱宸濠发动叛乱，正在江西前往南昌途中的王守仁听闻消息，立即赶往吉安平叛，经过三天激战，宁王被俘。王守仁留宿草坪驿时，草坪村中桑叶润泽，梨香清甜。王守仁回想自己连年征战、颠沛流离的生活，归隐为民的想法油然而生，于是有了诗的后两联："乡心草色春同远，客鬓松梢晚更苍。料得烟霞终有分，未须连夜梦溪堂。"

清代中期，名臣林则徐曾多次风雨兼程过常玉古道，与草坪驿结下不解之缘。道光二十一年（1841），林则徐因主张禁烟而被革去钦差大臣与总督之职，赴浙江"听候谕旨"。是年四月十五日，他离开广东经江西入浙江境时写下日记："自常来者，以草坪为中站，自玉往者，以太平为中站。是夜子刻至太平，翟令遣人具茶面于刘祠中，祠为前玉山令刘云轩而建。夜半以后，天晴仍见月，复行，过白石街、曹汇关、张连铺，常山方令率丞、尉迎于此，草坪巡检孟继贤，亦于迎见后俱随至县城，黎明始到，穿城行，至舟次，见其所备江山船过大，乃自雇一舟易之。"

太平天国时期，太平军曾在草坪与清军鏖战，太平军军事统帅李世贤率部从玉山经草坪、白石街、曹会关（一作曹汇关）入常山，打下遂安、寿昌、龙游，又连占遂昌、松阳、处州、永康，把侍王府建在了富庶的金华城。李世贤凭借自己的军事才能，在形势江河日下、天京失陷后，继续领导部分太平军反清。

回顾历史，展望今朝，为了更好地传承和弘扬草坪古驿悠久深厚的历史文化，促进当地文化和旅游事业的发展，常山县启动了草坪古驿修复工程，结合边驿古道文化开展庭院整治，着力打造最美"浙江西大门"。

一、要素分解

（一）物质要素
历史悠久的常玉古道和军事遗址

常玉古道，即常山到玉山的古道，过去为浙赣商旅必经之地，也是"八省通衢"要道，全长共 40 千米，白石镇境内由十八里村至草坪村共 11 千米，目前存有曹会关、古军营、古驿站等重要史迹。曹会关"地势连三省，重防设两关"，是古代常山至玉山大道上的双关之一。此关建于清乾隆十年（1745），道光十七年（1837）重修，额书"朝京"二字。古军营，位于草坪村炮台山上，因战守两利，自古以来是兵家必争之地。如今，当地复原了曹会关关隘城墙和兵营等军事遗址，重现了常玉古道的风貌。

（二）精神要素

1."会喜江花照野航"的喜悦之情

《草萍驿次林见素韵奉寄》是王守仁平定"宸濠之乱"后，于正德十六年（1521）经常山草坪驿回京复命时所写。草坪是浙江与江西交界地，因此明清时期在此设草坪巡检司，并设草坪驿。此诗写了王守仁从江西到常山途中的所见所遇，其中"山行风雪瘦能当，会喜江花照野航"透露出作者逢春喜悦的心情。彼时，遭宦官刘瑾迫害的王守仁在仕途上不顺，被贬为贵州龙场驿丞，又险遭刘瑾的暗杀，九死一生，因此对官场心生厌倦。前途茫茫、生死未卜的他，看到了江岸的满树桃花，竞艳争芳，一派大好春光，喜悦之情油然而生。与此同时，长年的奔波生活，使他的思乡之情如同春草渐生渐长、漫无边际，故诗云："乡心草色春同远，客鬓松梢晚更苍。"此联感叹岁月流逝，透露出淡淡哀愁。然而，王守仁毕竟是个心胸豁达、豪爽乐观的哲学家，他认为"山水风光也亲近于我，不必到梦中去寻找老词人谢溪堂了"，故云："料得烟霞终有分，未须连夜梦溪堂。"此诗情景交融，含蓄委婉，在章法上，张弛得当，且颔联、颈联对仗工整，尾联词尽意不尽，值得回味。

2."身世自今忘俗虑"的洒脱心境

南宋宰相赵鼎过草坪驿时留有《题常山草萍驿》诗："才过常山到草萍，驿亭偏喜雨初晴。麦畦水涨黄云重，柳絮风吹白雪轻。身世自今忘俗虑，宦途从此快吟情。魏公已辍江西镇，犹有甘棠颂政声。"诗人身处官场，宦海深沉不能自主，过草坪时正是水涨云重的春夏之交，面对雨后初晴风吹絮飞的怡人景象，诗人不由得陶醉其中，忘记了心头的万千凡尘俗虑。

（三）制度要素
古老的驿站制度

驿站是古代一种重要国家机构，主要负责传递官方文书、运输军需物资、接待官吏出差以及为使节提供马匹更换等。驿站在中国历史上起到了重要的通信和交通保障作用，是维护古代中国行政运作和国家控制的基础设施之一。驿站的设立可以追溯到春秋战国时期，但真正规模化、系统化的驿站制度是在秦朝确立的。随后在汉朝得到了进一步的完善和发展，到了唐宋时期，驿站制度达到了鼎盛，成为极为完备的通信网络。驿站是古代邮政系统的一部分，负责传递政府文书、军情、商信等，对于维护国家管理和商业贸易的正常运行至关重要。在战争和重大工程中，驿站负责运输兵器、粮食和各种物资，保障国家机器的有效运转。官员出差巡视或执行任务时，驿站提供食宿和交通工具，确保官员能够快速有效地完成任务。对于外国使节，驿站还提供了接待服务，展现了国家的礼仪和威严。驿站一般建在交通要道、城镇附近或边疆地区，便于管理和使用。每个驿站都配备有驿丞或驿卒来管理，他们负责驿站的日常运作、接待来宾和调度驿马。驿站制度虽然在清末随着现代交通和通信手段的发展而逐渐消失，但它在中国历史上的影响是深远的。许多驿站遗址被保护起来，成为研究中国历史文化的重要窗口。

（四）语言和象征符号
1.坚守信念、忠诚不贰的侍王

天京事变，翼王石达开带兵出走后，太平天国人才凋零，到了"国中无人""朝中无将"的境地。李世贤"少勇刚强"，在天京两度告急之际，他配合忠王李秀成彻底摧毁了清军的江南大营，立下不世的"救驾之功"，被封为侍王，称霸一方。1860年冬天，太平天国的上游基地安庆受湘军曾国荃部围困而成了一座孤城，天京高层意识到屏障将失的危险，展开了一场旨在解安庆之围的大规模军事行动。但阴差阳错的是，策略失败，救援两军未能如期会师，李世贤部和李秀成部在湘军名将鲍超追击下掉头开回浙江，想以开辟江南战场赢得比分来挽回颓势。1861年，太平军侍王李世贤率部从玉山经草坪驿等入常山，直指浙西南，打下遂安、寿昌、龙游，又连占遂昌、松阳、处州、永康，把侍王府建在了富庶的金华城，草坪驿成为李世贤攻占浙西南的起始点。纵观李世贤一生，他英勇善战、勇猛刚强，使敌望风披靡，一生秉承信念、忠诚不贰，为自己心中的事业与清军对抗到底，令人钦佩。

2. 民族英雄林则徐

林则徐（1785—1850），清代杰出政治家，民族英雄，曾多次风雨兼程过"常玉古道"。道光二十一年（1841），林则徐因主张禁烟而被革去钦差大臣与总督之职，赴浙江"听候谕旨"。他离开广东经江西入浙江境时曾路过常山古驿。林则徐以"富贵不能淫，贫贱不能移，威武不能屈"的人格精神和"壁立千仞、无欲则刚"的道德标准，为后世树立了一座不朽的丰碑。他清廉刚正的品格和严格执法执纪的工作作风，值得世人学习和效仿。

3. 乾隆火烧红梅寺

草坪驿世代流传着乾隆火烧红梅寺的故事，风趣地展现了乾隆皇帝疾恶如仇、爱护黎民的形象。相传清朝初期，草坪村一带建有一座红梅寺，香火鼎盛，后来被一恶僧占据。恶僧授恶徒，强抢民女，为非作歹，横行乡里，百姓纷纷躲避。乾隆皇帝游江南时，自玉山向常山一路私访，在草坪驿听说红梅寺恶僧劣迹，决心暗访查实。至寺后，乾隆的言行举止引起恶僧怀疑。恶僧设计将其骗上二楼待茶，继而软禁，欲待夜深人静时下手除之。乾隆无计脱身，仰天长叹。这时，忽一阵风吹过，将窗外摇摆毛竹梢压向窗边，乾隆暗喜，即攀竹越窗得脱。隔日，常山官兵围剿，恶僧被诛，红梅寺被毁。自此，古驿留下了乾隆皇帝孤身探寺、剿灭恶僧的传说，成为民间的趣谈。

二、核心基因提取与评价

基于对材料的全面、深入分析,得出本文化元素的核心基因:"历史悠久的常玉古道和军事遗址""'会喜江花照野航'的喜悦之情""'身世自今忘俗虑'的洒脱心境""古老的驿站制度"。

常山古驿核心文化基因评价依据

评价项目	评价因子	评价依据(特点)	是否
生命力评价	文化基因存续的时间	自出现起延续至今,未曾明显中断	√
		自出现起延续至今,但多次衰微、中断后复兴	
		曾明显衰败,改革开放后开始复兴或历史溯源关键环节缺失,难以考证	
		文化形态主体已灭失,现存部分痕迹	
	文化基因的稳定性	在发展过程中保持相当稳定的状态	√
		在发展过程中存在明显的精神内涵、表现形式剧变	
凝聚力评价	文化基因的凝聚力及社会动员效果	曾广泛凝聚起区域群体的力量,显著推动过社会经济文化的发展	√
		曾部分凝聚起区域群体力量,对社会经济文化的发展产生过影响	
		凝聚过力量,创造过实际的发展动能,但未见对社会经济文化发展产生显著改变	
		仅在历史文献或口耳相传中存在,未见实际介入社会经济发展	

续表

评价项目	评价因子	评价依据（特点）	是否
影响力评价	辐射的范围	具有全国性、世界性的影响力	
		具有长三角区域、浙江省影响力	√
		具有市县、乡镇影响力	
	提炼的高度	已经被古代文人士大夫和当代学者提炼为精神符号和理念理论	√
		单纯的样式、造型、工艺技术规范	
发展力评价	与当代精神追求和价值观念的契合	传统文化基因得到创造性转化、创新性发展；区域革命文化基因被完整继承、广泛弘扬；区域社会主义先进文化基因成为与浙江"三个地"相适应的文化高地	√
		部分转化、部分弘扬、部分发展	
		难以转化、难以弘扬、难以发展	

说明：基因特点评价是对解码出来的基因，根据本《导则》表2的要求，围绕"四个力"逐一对表打"√"，进行定性表述

（一）生命力评价

草坪古驿历史悠久，文化底蕴深厚，自唐代以来统治者就在此驻扎军队，先后设驿站、巡检，历代文人墨客在草坪留有诗文，炮台山路石壁还刻有唐宋诗作。2016年开始，草坪村启动古驿站古炮台修复工程，完成驿站修复建筑面积300平方米，恢复了古时行军休息室、马厩等场景。因此，常山古驿的核心文化基因"历史悠久的常玉古道和军事遗址""'会喜江花照野航'的喜悦之情""'身世自今忘俗虑'的洒脱心境""古老的驿站制度"通过古驿站遗迹、文献记录、民间传说等载体传承、延续至今，未曾明显中断，始终保持了较为稳定的状态。

（二）凝聚力评价

草坪古驿地处"八省通衢"的重要地理位置，自古以来是

交通运输、信息传递、军事战争的重要节点。自唐代以来统治者就在此驻扎军队，先后设驿站、巡检，明弘治年间知县王锡在此立"两浙雄镇"坊，以抗击外敌入侵，保卫一方平安，此后还有乾隆火烧红梅寺、张天师宿草坪驿驱蚊等历史故事，文人墨客如赵鼎、刘伯温、王守仁、徐霞客等都曾在草坪留有诗文。炮台山路石壁还刻有唐宋诗人的作品。因此，其核心基因曾广泛凝聚起区域群体的力量，显著推动过社会经济文化的发展。

（三）影响力评价

草坪古驿地处浙赣两省、"三山"交界处，因此，自古以来就有重要的政治、经济、文化地位。如今，随着驿站文化的传播、旅游事业的开展，草坪成为古代军事战争文化点、爱国主义教育基地、疗休养站点，在周边地区具有较强的影响力。其核心基因具有长三角区域、浙江省影响力。

（四）发展力评价

如今，常山草坪古驿已经成为常山县爱国主义教育基地、主题教育初心之行重要站点以及文化礼堂、疗休养旅游专线的站点之一。先辈们守土有责、爱国奉献的精神得到了发扬。为了传承和弘扬草坪古驿悠久深厚的历史文化、促进当地文化和旅游事业的发展，常山县启动了草坪古驿修复工程，结合边驿古道文化开展庭院整治，着力打造最美"浙江西大门"。其核心基因与当代精神追求和价值观念相契合，得到了创造性转化、创新性发展。

三、核心基因保存

"历史悠久的常玉古道和军事遗址""'会喜江花照野航'的喜悦之情""'身世自今忘俗虑'的洒脱心境""古老的驿站制度"作为"常山古驿"的核心基因，资料保存情况如下：

《常山古驿站》《常山古道探源》《衢徽古道，一幅绝美的山水画》等文字资料保存于常山县文化基因解码调查组资料库。另外，出版物有《浙江古代道路交通史》《新唐书·地理志》《陈书·留异传》《衢州府志》《常山县志》《天下水陆路程》《浙游日记》等。

《草坪古军营》《草坪古炮台》《常山古驿大道示意图》等 16 项图片资料保存于常山县文化基因解码调查组资料库。

古军营、古炮台现存于常山县白石镇草坪村。

山茶油传统榨油技艺

宋诗之河　常山文化基因

山茶油传统榨油技艺

山茶油是我国特有的传统食用植物油，其历史源远流长。清代张宗法《三农纪》引《山海经》记载："员木，南方油食也。""员木"据说即为油茶。

常山是油茶的天然分布区，山茶油制作历史相当悠久。《常山县志》(1990年版)中，根据芳村镇猷阁、寿源等地家谱记载，常山在宋末元初已栽种油茶，明代中叶油茶已广及山区、丘陵，民国时期全县各乡均种有油茶。《中国民间文学集成·浙江省常山县故事卷》（1991年版）记载："常山油茶早在南宋时期就大量种植。"

将一颗颗饱满的山茶籽，变成一滴滴色泽金黄、清香四溢的山茶油，常山依靠的是代代传承的山茶油传统制作工艺——"木龙榨"榨油工艺。"木龙榨"榨油工艺比较繁细，包括采果、堆沤、晒果、脱壳、晒籽、碾粉、过筛、烘炒、蒸粉、包饼、榨油、过滤等十多道工序。

首先是碾粉，就是将晒干的茶籽放入大碾槽中碾成粉末。传统碾粉方式分牛力碾粉和水碓碾粉两种，即借助牛力或水力，带动碾盘不断转动，达到碾碎茶籽的目的。碾碎后的茶粉要过筛，以保证茶籽碾细碾均匀。接着，将茶粉倒入特制的平锅里烘炒，去除水分。烘炒是一道十分讲究火候的工艺：火太猛，茶粉容易烧焦，会影响山茶油的色泽及清香度；火太弱，水分不能完全散发，同样会影响山茶油的纯度和品质。技术过硬的烘炒师傅能将茶粉炒得松而不焦，香而不腻。

随后进行蒸粉和包饼。蒸粉用的蒸笼是专用的，外形如蜂筒，将炒好的茶粉倒入其中，蒸熟蒸黏，为包饼做好准备。包饼不但要求有良好的腰力、臂力，还要有相当的巧力、准力。包饼师傅事先将三个铁匝叠放在平地上，扭一个叫"千斤杆"的稻草结，呈放射状铺在铁匝上，作为包饼底衬，然后将热气腾腾的茶粉倒进铁环中，赤着脚飞快地将茶粉踩平踩实，形成一个圆茶饼。包饼的过程非常有讲究，如果稻草结没扭好，茶饼一拎就散；饼包厚了不行，影响出油率；饼包薄了也不行，饼粉藏在铁匝里榨不干，出油率更小。包饼师傅的一双手就如同一杆秤，每100斤茶籽包12块茶饼，每块饼榨干后重6.5斤，上下不得差3两。

包好的茶饼，叠放在一起，就可以统一运到木龙榨里榨油，这是山茶油制作的核心环节，俗称"打油"。传统的木龙榨，重超千斤，用一根或两根大硬木镂空制成，横摆在榨油坊的显要位置，看上去活像一条长龙，当地人们称其为"木龙榨"。一般来说，每家油坊至少有两架木龙榨，每架木龙榨可放36—45块饼。榨油时，木龙榨肚中竖摆着一排长长的茶饼，同时放进两排木桩，每排木桩中各插一根扦头。

一切准备就绪，榨油师傅即以专门制作的撞杆(或石锤)大力撞击扦头，不断挤压茶饼榨出油来。榨油是项体力活,为了消除疲乏、增强干劲,榨油师傅创编了许多劳动号子。铿锵有力的号子声,和着撞头重重的"砰""当"声,而清香明亮的山茶油从龙榨口慢慢渗出了。

这项榨油技艺代代传承,如今的常山已拥有"中国油茶之乡"的称号,全县常年油茶籽产量达 4900 多吨,茶油产量达 3100 多吨,其油茶种植面积和产量均居全省首位,同时,在常山浙西世贸城内还设立了全国油茶交易中心。历经岁月长河的淘洗,山茶油传统制作工艺以其特有的生命力传延至今。随着民俗保护工作的科学推进,这一民间工艺必将继续散发出醇厚的幽香,沁人心脾,悠久绵长。

一、要素分解

（一）物质要素

1. 庞大的茶树林

常山县油茶资源丰富，分布广。根据2016年常山县森林资源二类调查数据，全县14个乡镇（街道）、县林场、油茶研究所皆有油茶分布，油茶种植总面积达1.4584万公顷，其中2700公顷以上的乡镇有2个，即芳村镇和新昌乡有油茶面积6519公顷，占全县油茶总面积的44.7%。

2. 营养价值极高的茶油成分

山茶油营养价值高，常山民间早有认知。早先时候，只有过年过节、贵宾登门和服侍老弱病幼时，才舍得以山茶油烹调

食物。由于山茶油历属皇家贡品，珍贵异常，因此百姓又称它为"油中圣品"和"山珍贡品"。山茶油中不饱和脂肪酸高达85%—97%，为各种食用油之冠，油酸达到80%—83%，亚油酸达到7%—13%，并富含蛋白质和维生素等。另外，它所含的亚麻酸是人体必需而又不能合成的。经科学鉴定，山茶油的保健综合指标超过以健康、稀有、名贵著称的橄榄油，所以，其市场价格也超过橄榄油。正因品质性能优良，山茶油不仅在我国港澳台地区深受欢迎，还远销日本、美国以及东南亚等地，销路甚广。

（二）制度要素

1. 珍贵的药用价值

山茶油促保健，可入药，古今书籍多有记载。《本草纲目》《本草纲目拾遗》《农政全书》《随息居饮食谱》《中药大辞典》《中国医药大辞典》等，都对山茶油的保健药用价值作出详略不等的记载和描述。长期适量食用山茶油，可明目、亮发、润肺、润肠、润燥、清热、解毒、杀菌、疗痔疮、退湿热；山茶油入药，有通经、活络、祛风、止痛等功效；山茶苷有抗癌的药理作用。

2. 按季采摘的生产方式

按照采收季节不同，常山油茶油籽主要有寒露籽和霜降籽两种。由于适时采收才能保证高出油率，所以每年寒露或霜降过后，人们才挎上背篓，系上布兜，上山一颗一颗地采摘茶果。茶果采收回家后，经过堆沤、晒果、脱壳、晒籽等工序，即可将茶籽挑送到油榨坊，进入实质性的榨油阶段。

3. 精细的栽培管理

山茶树的种植、培育需要农人投入精细的劳作，主要包括垦复、高接换种、采收、果实处理等几个步骤。垦复，即油茶进入盛果期后，每年至少浅锄一次，三年深挖一次除草松土；高接换种，即对于成林后部分劣株，经两年观察标定，用优树穗条，采用皮下枝接、嵌合枝接等方法加以改造；采收，红皮类型的果实成熟时果皮红

中带黄，青皮类型青中带白，种壳呈现深黑色或黄褐色，有光泽，种仁白中带黄，呈现油亮，适宜的采收期是在果实成熟期前3天开始到后7天完成，当地严禁提早采摘，严禁折枝取果；果实处理，果实采回后，堆放时间不得超过5—6天，要及时日晒脱粒，除净杂物，进仓待榨。

4. 原生态的榨油工艺

常山山茶油生产依靠的是代代传承的传统制作工艺——"木龙榨"榨油工艺。经传统工艺榨取的山茶油，油色清亮淡雅，具有茶籽油固有的气味和滋味，无异味。

（三）语言和象征符号

强劲有力的榨油动作

榨油师傅在枯燥劳累的榨油过程中，创造出许多技巧动作。如单膝跪地，让撞杆的撞头朝天而立，然后砰的一声狠狠打下，称为"一支香"；两个榨油师傅背靠背来回打油较劲的，叫作"鲤鱼穿梭"；榨油师傅突然猛地向后退几步，手中木撞凌空飞起，在号子声中砸向扦头，整个木龙榨被撞得前后摇晃，就是所谓的"老虎撞"。此外，还有浑厚整齐的打油号子。

二、核心基因提取与评价

基于对材料的全面、深入分析，得出本文化元素的核心基因："营养价值极高的茶油成分""原生态的榨油工艺""强劲有力的榨油动作"。

山茶油传统榨油技艺核心文化基因评价依据

评价项目	评价因子	评价依据（特点）	是否
生命力评价	文化基因存续的时间	自出现起延续至今，未曾明显中断	√
		自出现起延续至今，但多次衰微、中断后复兴	
		曾明显衰败，改革开放后开始复兴或历史溯源关键环节缺失，难以考证	
		文化形态主体已灭失，现存部分痕迹	
	文化基因的稳定性	在发展过程中保持相当稳定的状态	√
		在发展过程中存在明显的精神内涵、表现形式剧变	
凝聚力评价	文化基因的凝聚力及社会动员效果	曾广泛凝聚起区域群体的力量，显著推动过社会经济文化的发展	√
		曾部分凝聚起区域群体力量，对社会经济文化的发展产生过影响	
		凝聚过力量，创造过实际的发展动能，但未见对社会经济文化发展产生显著改变	
		仅在历史文献或口耳相传中存在，未见实际介入社会经济发展	

续表

评价项目	评价因子	评价依据（特点）	是否
影响力评价	辐射的范围	具有全国性、世界性的影响力	√
		具有长三角区域、浙江省影响力	
		具有市县、乡镇影响力	
	提炼的高度	已经被古代文人士大夫和当代学者提炼为精神符号和理念理论	
		单纯的样式、造型、工艺技术规范	√
发展力评价	与当代精神追求和价值观念的契合	传统文化基因得到创造性转化、创新性发展；区域革命文化基因被完整继承、广泛弘扬；区域社会主义先进文化基因成为与浙江"三个地"相适应的文化高地	√
		部分转化、部分弘扬、部分发展	
		难以转化、难以弘扬、难以发展	

说明：基因特点评价是对解码出来的基因，根据本《导则》表2的要求，围绕"四个力"逐一对表打"√"，进行定性表述

（一）生命力评价

常山是油茶的天然分布区，其种植历史相当悠久，是浙江省油茶重要产区，有"中国油茶之乡""浙西绿色油库"之称。《常山县志》（1990年版）、《中国民间文学集成·浙江省常山县故事卷》（1991年版）等文献中记载，常山在宋末元初已栽种油茶，明代中叶油茶已广及山区、丘陵。民国时期全县各乡均种有油茶，且日渐成为常山主要的经济特产，特别是新昌乡、芳村镇等几个田少山多、山民又比较集中的村庄，自清朝初期康熙帝平定平西王吴三桂、平南王尚可喜、靖南王耿精忠的"三藩之乱"后，就世代传承种植油茶，其林园的培育管理和山茶油的传统榨制技艺均居周边地区前列。因此，"营养价值极高的茶油成分""原生态的榨油工艺""强劲有力的榨油动作"三大核心基因自出现起延续至今，未曾明显中断，

在发展过程中保持着相当稳定的状态。

（二）凝聚力评价

油茶是常山县油茶产区民众的主要经济来源，是他们赖以生存的"宝贝"。当年，村里专门制定"村规民约"，不允许村民为了烧火而上山砍伐油茶树。每年油茶丰收时，家庭的开支都要依靠这些油。由于当时交通不便，村民们往往需要花费两到三天时间，将榨好的油挑至衢州售卖。因此，其核心基因曾广泛凝聚起区域群体的力量，显著推动过社会经济文化的发展。

（三）影响力评价

常山首个国家油茶公园已建成，集展示、交易、信息、研发、论坛于一体的全国油茶交易中心实体土建已完成，正积极引进有实力的大企业入驻，并逐步建立"原料、销售在外，交易、财务在常山"的新模式，实现全国油茶产业交易大集聚。同时，常山县委、县政府高度重视油茶产业的发展，积极对接农业供给侧结构性改革，大力推进油茶产业"一区两园四中心"建设，建成首个国家油茶公园，全国油茶交易中心初具雏形，还发布了山茶油气象指数，联合新华社建立了新华·中国山茶油价格指数收集、发布体系，掌握全国山茶油价格发布的话语权，常山制定的油茶科技标准达到国际领先水平。目前，常山油茶种植面积和产量均居浙江省首位，在全国有明显的竞争优势。其核心基因作为单纯的样式、造型、工艺技术规范，具有全国性、世界性的影响力。

（四）发展力评价

常山县拥有全国第一个以研究油茶为主的科研单位——浙江省常山油茶研究所。近几年，在油茶良种选育、丰产栽培及病虫防治研究方面，研究所取得省级以上科技成果10余项，申请国家发明专利3项。自主培育了"长林"系列新品种，建成全国最大的油茶良种苗圃基地，年育苗能力达300多万株，并建立了"物联网"智慧型苗圃，机械代替人工管理，实现自动化生产。打造政、产、学、研、用协同创新体系。坚持"政企校会四位一体、产学研用高度融合"的理念，建立了山茶油专家工作站，成立了油茶机械研发生产中心。同时，研究所加大与上海市生物医药科技产业促进中心产品孵化服务平台、中国林业科学研究院亚热带林业研究所（简称亚林所）等科研院所的合作，推广良种良法，成功繁育油茶良种苗木500多万株，研发出了化妆用油、茶皂素等五大类、十六大系列深加工产品，获得发明专利7个，形成了以县林业局技术人员为骨干，以乡镇、村林技术人员为主力，以上海市生物医药科技产业促进中心、亚林所等油茶科研院所专家为顾问，全县上下、内外联动的科技推广技术服务网络，有效地提高了林农的科技管理水平，助推了科技富民强县建设。不仅如此，常山还打造了科技创新公共服务体系，成功获得了浙江省山茶油及食用植物油质量检测中心授牌，建成了油茶从基地到餐桌的"一瓶一码"的产品追溯体系，推动市场服务能力升级。常山山茶油英文版标准被列入了美国药典委法典，并成功获得一项国际专利。

三、核心基因保存

"营养价值极高的茶油成分""原生态的榨油工艺""强劲有力的榨油动作"作为"山茶油传统榨油技艺"的核心基因,资料保存情况如下:

《一叶小小油茶生出"真金白银"》《木龙榨里流淌出的益寿油——常山山茶油传统制作工艺》《油茶飘香满眼春——中国常山油茶博览会侧记》等7项文字资料保存于常山县文化基因解码调查组资料库。另外,出版物有《常山县志》(1990年版)、《中国民间文学集成·浙江省常山县故事卷》(1991年版)等。

《手工木榨山茶油》等20项图片资料保存于常山县文化基因解码调查组资料库。

《山茶油传统榨油技艺》保存于常山县文化基因解码调查组资料库。

传统榨油坊以及榨油设备保存于浙江省常山县新昌乡新昌村。

三十六天井

宋诗之河　常山文化基因

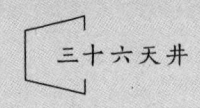

三十六天井

常山县球川镇球川村是浙西边陲的一座古村落，此处山川秀丽，民风淳朴，保留着许多百年古民居，徐氏旧宅就是其中的典型代表。

徐氏旧宅，俗称"三十六天井"，建于清同治九年（1870），占地约3600平方米，是一座历史悠久、保留完好的清代古民居。房屋采用徽派建筑风格，有马头墙、小青瓦，梁架用料硕大，装饰繁华，每一扇门窗都精雕细琢，历经百余年仍坚固如初，被誉为"江南第一天井"。

三十六天井坐北朝南，呈"前朱雀、后玄武，左青龙、右白虎"格局。屋内分前、中、后三进，从南向北缓坡而上，正屋与边屋以直通的走廊相连接，两边的厢房对称并列，大门偏左而设。走进正门，如入迷宫，走廊迂回曲折。宅子正堂当中的木雕香案属珍贵文物，当地人每逢家中有喜，就在香案前点香叩拜，祭祀祖宗。

三十六天井有二奇。一是屋内的下水道100多年来从未疏通过，但梅雨季节，涨大水时，屋内没有丝毫积水。二是四周砖墙上没有一扇窗户，室内却通风透气。此外，各室各堂清晰明亮，即使在炎热的夏天，走进室内也非常凉爽。

这座神奇的古宅原主人叫徐显逵，球川村本地人，他的妻子詹氏是一位大户人家的小姐。夫妻二人感情融洽。詹氏勤俭持家，在生下两个儿子后，夫妻俩决定重建宅子。根据预算，夫妻俩原计划造一座一进的宅子，然而建筑工人在地底下挖出了一坛金子，估计是当年逃难的士兵埋下的。考虑到子孙后代的繁荣昌盛，夫妻俩决定建造一个三进的大宅子。不幸的是，屋子建到一半时，徐显逵一病不起，带着遗憾离开了人世。妻子詹氏没有放弃，她与两个小叔一起将大宅子建了起来，为彰显贞洁，詹氏在前院高大的门楣上题写"淑气腾辉"四个大字。当年，詹氏还在三十六天井中栽下两株桂花树，一株金桂，一株银桂。如今100多年过去了，金桂犹在，每年9月，前进大厅的天井中尺来粗的金桂枝繁叶茂，花开满树，清香袭人。这儿的村民纷纷过来，在百年桂花树上系上红绳，祈求好运。

百余年的风雨洗礼后，徐氏人丁兴旺，老宅曾同时居住过70多户人家。现在从老宅走出去的已有三四代人，如今仍在古民居内居住的五六户人家均为徐氏后代。

一、要素分解

（一）物质要素

1. 底蕴深厚的人文环境

徐氏旧宅是浙西地区保存最完好、面积最大的一处明清古建筑群。它所在的球川镇是一座具有悠久历史的千年边陲古镇。相传南宋理学家朱熹为球川写下了"山列锦屏秀，水流翰墨香""山环成球，水汇成川"的佳句，球川也因此而得名。球川镇文化积淀深厚，历代名人辈出，文物古迹众多。

2.丰富的建筑营造工具

徐氏旧宅的建筑工具包含木工工具、雕刻工具、石工工具。木工工具有墨斗、五尺、卷尺、角尺、各类锯条、斧头、榔头、各类凿子、刨子等；雕刻工具主要是芒锤、卷尺、角尺和凿子，凿子分平凿、圆凿、撬凿、三角凿、斜角凿等，各种凿子又分特大、特小和大、中、小多种型号；石工工具有建筑线、水平管（仪）、铁锤、橡皮锤、卷尺、角尺、砖刀、尖凿、平凿、角凿、泥擦、锄头等。

3.构思奇巧、数量众多的天井

徐氏旧宅规模宏大，布局合理，在占地3600平方米的建筑内，房间百余间，并有通廊相连，最具特色的是其天井。天井数量众多，构思奇特，一幢建筑有通风、防火、畅水、采光用的大小天井36个，这在浙西乃至浙江省境内也极为罕见。

（二）精神要素

勤劳勇敢、艰苦奋斗的精神

徐氏旧宅分别是当时詹氏家族和徐氏家族的两位女子先后带领其儿子和小叔子建造而成，充分体现了古代中国妇女勤劳勇敢、艰苦奋斗的精神和传统美德，正门槛墙青石碑上所刻的"淑气腾辉"四字，就是对当时参与建房的两位女主人的褒奖。

（三）制度要素

1.精湛、繁复的营造工艺

徐氏旧宅的建造是一项技艺水平高、内容广的组合劳动，其建造工序繁杂，主要包括以下几个步骤：

（1）选址。一般要考虑到防潮、防晒、防风、通风等因素，朝向是坐北朝南。（2）开工。主要选择吉日良辰，由德高望重的老者主持，主墨的木匠、石匠、泥水匠在鞭炮声中破土，祈求工程顺利，风调雨顺。（3）画图。根据家族和老者们的意见，由主墨木工师傅负责房屋的制图，图一般是画在木板上和墙壁上，图的种类由简到繁，由粗到细，图一般有正面图、天图、侧面图等。（4）选料。传统选料有严格的要求，木料主要有杉树和樟树等，门柱用杉树，雕刻用樟树板，选杉树要看直径、树干是否挺直，选樟树要看整体和弯度等方面。石料主要挑选石的颜色、硬度、不易风化等方面。（5）施工。根据制图要求，木匠、石匠、泥水匠、雕刻匠各司其职，分头施工。

木匠的大木主要承担木构架建造，小木主要承担门窗。石匠、泥水匠主要承担基础、制脊、盖瓦、封墙等工程。雕刻匠主要承担各部件、构件的雕刻。

2. 典型的徽派建筑风格

徐氏旧宅的建筑风格具有徽派建筑神韵，它坐北朝南，主要由台门、前后庭院、前中后三进、厢房、偏房及天井六大部分组成。规模宏大，布局合理，天井众多，美轮美奂。正门上镶嵌着"淑气腾辉"青石匾额，以彰显中国劳动妇女坚忍不拔、艰苦奋斗的美德。建筑内的排水系统完善、科学。徐氏旧宅的地势最低，四周房子雨水各有出处，最终合为一股排入溪中，明沟里留有一寸积水，寓意聚四方之财，财水不可流尽。

（四）语言和象征符号

巧夺天工的建筑雕刻图样

徐氏旧宅门额周边是多组兼具透雕、浮雕的古典人物、车马、景物群像。大门西侧有一对青石狮，门窗、梁枋刻有精细的木雕，回廊曲径幽深，砖雕、石雕古朴逼真。石柱、木柱、轩、梁、枋、雀替、门窗上花鸟鱼虫、山水人物千姿百态，美不胜收。

二、核心基因提取与评价

基于对材料的全面、深入分析，得出本文化元素的核心基因："构思奇巧、数量众多的天井""精湛、繁复的营造工艺""巧夺天工的建筑雕刻图样"。

三十六天井核心文化基因评价依据

评价项目	评价因子	评价依据（特点）	是否
生命力评价	文化基因存续的时间	自出现起延续至今，未曾明显中断	√
		自出现起延续至今，但多次衰微、中断后复兴	
		曾明显衰败，改革开放后开始复兴或历史溯源关键环节缺失，难以考证	
		文化形态主体已灭失，现存部分痕迹	
	文化基因的稳定性	在发展过程中保持相当稳定的状态	√
		在发展过程中存在明显的精神内涵、表现形式剧变	
凝聚力评价	文化基因的凝聚力及社会动员效果	曾广泛凝聚起区域群体的力量，显著推动过社会经济文化的发展	
		曾部分凝聚起区域群体力量，对社会经济文化的发展产生过影响	√
		凝聚过力量，创造过实际的发展动能，但未见对社会经济文化发展产生显著改变	
		仅在历史文献或口耳相传中存在，未见实际介入社会经济发展	

续表

评价项目	评价因子	评价依据（特点）	是否
影响力评价	辐射的范围	具有全国性、世界性的影响力	
		具有长三角区域、浙江省影响力	
		具有市县、乡镇影响力	√
	提炼的高度	已经被古代文人士大夫和当代学者提炼为精神符号和理念理论	
		单纯的样式、造型、工艺技术规范	√
发展力评价	与当代精神追求和价值观念的契合	传统文化基因得到创造性转化、创新性发展；区域革命文化基因被完整继承、广泛弘扬；区域社会主义先进文化基因成为与浙江"三个地"相适应的文化高地	√
		部分转化、部分弘扬、部分发展	
		难以转化、难以弘扬、难以发展	

说明：基因特点评价是对解码出来的基因，根据本《导则》表2的要求，围绕"四个力"逐一对表打"√"，进行定性表述

（一）生命力评价

徐氏旧宅始建于清朝，以大小36个天井为建筑特征，俗称"三十六天井"，该建筑目前依然完整保存于常山县球川镇球川村。同时，以徐氏旧宅历史为基础的"三十六天井"传说在民间广为流传，其中有一部分记载于《中国民间文学集成·浙江省常山县故事卷》（1991年版）、常山历史文化丛书《民间故事》等。三十六天井的传说在常山县一带流传广泛，已有越来越多的人了解这美丽古老的传说，给三十六天井蒙上了传奇的色彩，具有较高的历史和文化研究价值以及积极的现实意义。徐氏旧宅得到良好保存，其历史传说广为流传，体现了核心基因"构思奇巧、数量众多的天井""精湛、繁复的营造工艺""巧夺天工的建筑雕刻图样"的生命力。这三大核心基因自出现起延续至今，未曾明显中断，在发展过程中保持着相当

稳定的状态。

（二）凝聚力评价

徐氏旧宅是常山县球川镇的重要历史建筑。典型的徽派风格、宜居实用的建筑设计使它成为当地建筑的代表。与此同时，该建筑发展历史以及徐氏、詹氏故事传说备受推崇，得到广泛传颂，对于研究常山地域的历史和文化有较高的价值，因此在当地社会经济和文化领域，徐氏旧宅具有重要的价值和影响力，其核心基因曾部分凝聚起区域群体力量，对社会经济文化的发展产生过影响。

（三）影响力评价

相传南宋理学家朱熹在一次讲学途中来到球川镇造访老同学，就曾以"山列锦屏秀，水流翰墨香"赞美此地。其实早在唐代，球川镇已是商贾云集、车马川流不息的浙赣闽皖商品集散地。那时正当佛教盛行，镇上有凌云、兴贤两座七层白塔矗立在镇口，更有西山寺、白云寺、蒙岭寺等七座古刹建于镇中。三十六天井古建筑形成、产生于球川并以此为中心，形成对周边地区的影响力，三十六天井的传说亦在常山民间口口相传，家喻户晓。随着时间推移及传播途径的多样化，三十六天井及其传说流传范围越来越广，在球川镇周边乡镇及常山周边的县、市也时有传播，许多外地旅游者来参观三十六天井时也知悉并口头流传。因此，其核心基因随着旧宅知名度的提高和传说的传播推广，在市县、乡镇形成了较强影响力。

（四）发展力评价

三十六天井雕刻精细、设计独特、结构精巧，是常山县球川地区的重要旅游资源。同时，三十六天井各室之间均以雕花板壁相隔，以室内走廊相连。其梁、柱、楣、批、壁都雕刻有飞禽走兽和花草，梅兰荷菊，八仙过海，狮子滚球，应有尽有。大门框、门楣为花岗石制成，雕刻有花瓣层层叠叠的夏荷、秋菊、向日葵等。此外，在占地约6亩的雄伟建筑中，四周砖墙上没有一扇窗户，室内却通风透气，各室各堂清晰明亮，即使在炎热的夏天，走进室内也非常凉爽。因此，三十六天井的建筑形制亦有重要的研究价值，对现代房屋的构造设计具有重要的借鉴意义，发展力强大。

三、核心基因保存

"构思奇巧、数量众多的天井""精湛、繁复的营造工艺""巧夺天工的建筑雕刻图样"作为"三十六天井"的核心基因,资料保存情况如下:

《浙西球川古镇民居评析》《推动球川古镇文化与旅游融合的思考》《感受常山三十六天井古韵之美》《宗祠的现代转型——以常山彤弓山村为例》等4项文字资料保存于常山县文化基因解码调查组资料库。另外,出版物有《球川"三十六天井"的传说》《三十六天井屋》《球川镇志》等。

《三十六天井建筑艺术》等29张照片保存于常山县文化基因解码调查组资料库。

纪录片《三十六天井》保存于常山县文化基因解码调查组资料库。

徐氏旧宅(三十六天井)位于常山县球川镇球川村。

常山贡面

宋诗之河 常山文化基因

常山贡面

常山贡面，又称银丝贡面、丝面、索面等，是以面粉掺山茶油，经十余道工序制成的纯手工面条。千百年来，常山贡面以独特的色、香、味深受广大消费者喜爱，是常山民间待客的佳点和逢年过节馈赠亲友的礼品。

据史料记载，常山索面早在唐朝咸亨年间就开始生产，北宋时期大大小小的索面作坊已经遍及城乡，因其形似未经染色的白丝线，又似当地纳鞋底用的苎麻细索，故民间习惯上通称"索面"。

相传宋朝时，常山球川商人徐大有带着家乡制作的索面，上京城找御医徐姓本家，请他为家乡的索面做宣传，以便打开销路。一日，太祖皇帝赵匡胤受了风寒，徐御医叫御膳房给皇帝煮了一碗生姜葱头索面，让皇帝趁热吃下后回寝官盖上锦被睡觉。皇帝在被窝中闷出了一身汗，随即感冒症状完全消失。他发现这洁白如银、细如丝线的索面不仅美味，还能治病，十分好奇，便问其由来。徐御医趁机向皇上推荐家乡的索面，皇帝十分青睐，派官员到球川订购。一时间，常山索面成了朝廷官府用膳和招待客人的上等食品，索面也就成为贡品。

另一个常山民间流传的贡面传说与明朝宰相严嵩有关。相传，明嘉靖年间，太师严嵩带着人马行经常山道，至农家避雨。主人以索面待客。严嵩吃后赞不绝口，随带索面进贡，受到皇上的赞赏。以后，每年都有数百担索面送入京都，故美名为"贡面"。

另有传说称，严嵩发迹前上京赶考曾途经常山，因饥寒交加，感染风寒，受困于县城文峰塔下，幸得詹家太公太婆救助，喂之以索面，赠之以银两，严嵩遂拜詹家太公太婆为干爹干妈。后来严嵩高中皇榜，位居高官，每次回江西分宜老家或去京城路过常山，都要到詹家停留，并对鲜美的索面念念不忘。一次，严嵩一干人马从江西老家回京，刚踏进常山，突然下起雨来，赶到詹家时早已被淋得如同落汤鸡。詹家太婆遂以生姜、辣椒、香葱等为佐料，精心烧煮了一锅索面。严嵩等人食后感到浑身舒畅，疲乏顿消，便带上一些索面回到京城。一日，嘉靖皇帝突然亲临相府，严嵩事先毫无准备，急中生智，以常山带来的索面招待皇帝。皇帝品尝后赞不绝口，当即下旨列为贡品，赐名"银丝贡面"。以后常山每年都要进贡索面数百担，外包装盒上都盖有专门制作的"银丝贡面"印章。从此，"银丝贡面"声名大噪，美名远扬。

明嘉靖年间，"银丝贡面"进贡朝廷每年达数百担之多。2005年，在广州发现标有"银丝贡面"字样的明嘉靖年间木刻印章。这枚珍贵的木刻印章，外表呈古铜色，长20.3厘米，宽8.8厘米，厚2.8厘米，正面刻有"银丝贡面"繁体楷书，四周刻有形似太阳光芒的网状纹饰图案，制作精细。据收藏该木印的颜先生介绍，这枚木印正是明朝常山地方官进贡索面时在包装盒盖印所用的印章。

一、要素分解

（一）物质要素

1. 简易的制作工具

常山贡面制作工具十分简易，在寻常百姓家庭中都可以找到。除了常用的案板、擀面杖、菜刀，主要包括以下几类：

（1）发面缸，上口直径70厘米，缸底直径40厘米，高40厘米，每个作坊一般配备2只。主要作用是将面粉倒入缸中加水搅拌、和面、饧面，一次约可发面粉40公斤。（2）木盆，直径58厘米，高20厘米，每个作坊一般备有5只。作用是把大条子放入木盆内盘卷，然后把木盆中的大条再次打条，即将大条子打成细条子，接着再盘入木盆中，行话叫盘条。（3）木制大箱，长265厘米，宽52厘米，高64厘米，每个作坊一般配备2只。将盘条后的细条，再置放半小时后上筷。上筷后即放入木制大箱内，用塑料皮封住，以防止风干，行话叫醒面。（4）面筷，长48厘米，粗约1厘米。一般用竹节较长的苦竹竿做成，要求光滑、笔直，且有一定的弹性。作用是将打好的细条缠在两条面筷上，然后上架晒面、拉面。每个作坊一般常备2000支左右。（5）面架，长430厘米，高215厘米，是拉面和晒面最重要的工具。上筷后两个小时即可上架，开始边拉边晒，拉成近2米长的贡面，行话叫拉晒面。一般每个作坊常备6—9个。（6）储面篾篮，直径100厘米，一次可装成品面约5公斤，用于收面、制面。（7）储面木桶，上口直径70厘米，桶底直径50厘米，高56厘米，一次可储成品面60公斤，便于储存和防潮。

2. 优质营养的原材料

贡面制作全凭手工，它用料讲究，主要原料为上等面粉、山茶油。制作时，一般以25公斤面粉为一作，配以一定比例的水、盐，高档的礼品还需加适量的蛋清。常山地处钱塘江上游的山区，水源清洁甘冽，农村盛产山地小麦、番薯和山茶油，为贡面制作提供了最佳原料。为了确保贡面细白柔韧、营养丰富，作坊一般用山地小麦磨成的上好面粉作为主原料，同时糅合常山特产山茶油，用番薯粉或野葛粉做粉扑，这样做成的面具有清爽香醇、久煮不烂的特点。

（二）精神要素

吃苦耐劳的匠人精神

贡面制作环节烦琐，技术严谨，全过程需要十八九个小时。贡面匠人的工作时间被称为"两头黑"，意指起早贪黑、劳心费力。"辛苦不过贡面匠，半夜起来把天望"，道尽贡面制作匠人的勤劳和辛苦。起早摸黑是家常事，半夜观察云头风向、预测天气更是一门必修课。阴雨天制作贡面容易受潮，风力过大贡面容易折断，太阳过烈贡面容易干裂，天气突变经常让面完全报废。因此，前前后后都需要贡面匠人付出极大的心血。

（三）制度要素

1. 技艺严谨的制作工序

贡面制作的第一道工序是和面。取一定量的优质面粉放入面缸，逐步倒入预先配好的盐水，手工搅拌揉和1小时左右，形成吸水均匀的面团。面粉、水、食盐比例一般为25∶15∶2左右，具体比例随气温及空气湿度高低而适当变化。

面团揉好后，静置于案板，加盖干净湿润的纱布进行醒面，时间20—30分钟，促使面团发酵成熟，更具韧

性和弹性。压片和开条，即把面团压制成厚度2厘米左右的面片，并涂抹适量山茶油，然后将面片切成宽约3厘米的长条，进行第二次静置醒面。打条，指以番薯粉或野葛粉做粉扑，将熟化的长条打细打匀，连接制成一条直径约6毫米的细长面条，这是至关重要的环节，既要保证细面条均匀如一，又要保证细面条不黏不断，技术功底可见一斑。细面条打好后，进行第三次静置醒面——上筷。上筷时，把细面条一圈一圈地卷到两根筷子上，一般每筷32—40卷，然后放入醒面箱，进行第四次静置醒面，时间3小时左右。接下来是上架、拉面，将一根筷子插入晒架上孔中，拉面时四筷一拉，分2—5次把面条拉细拉长，并将另一根筷子插入晒架下孔。如何做到细而不断，关键看手的劲道把握。晒面时，面工便扛出插满面筷子的面条架放置在有微风的阳光下，晒到一定时间，面工又依次用手指钩住面筷用暗劲拉扯，数百双面筷上手指般粗的面条顷刻形成精细均匀的丝面。近2米长的"万千银丝"迎微风飘拂而不断，丝丝缕缕、晶莹剔透的贡面，形成一幅妙不可言的艺术画卷。晒至八九分干，就可进行盘面。晾干后的面条，从拉面架上取下，捋去筷子上的面头，每两竿为一束（约0.25公斤），用红纸头包扎成束，挽捆成"8"字形叠放在一起，寓意发财兴旺。扎好的贡面存放入木桶或箩筐中，就可享用和待售了。

2. 丰富多彩的贡面饮食风俗

千百年的贡面加工制作历史，形成了丰富的饮食风俗和饮食文化。光绪《常山县志》卷二十三《岁时》载："元旦放爆竹开门……是日食丝面，不茹荤，忌洒扫"，"立夏日早晨，食丝面、鸡蛋，尝梅子，以免蛀夏"。《常山县志》（1990年版）载："索面又称贡面，用盐水调和拉制晾干而成，吃时调以辣油、香葱，有子鳖（籴鸡蛋）、火腿作浇头更佳。"

煮食贡面不加盐，只在沸水锅内一籴，放入调配好肉油、酱油、味精、生姜、香葱等佐料的碗盆内即可食用。其味鲜而不腻，滑嫩不糊口，食后有开胃、发汗之功效。山区一带，习惯用辣油做佐料，其味更佳。

煮贡面讲究宽汤，贡面的汤面先分后合，有效解决了众口难调的问题。一般来说，先备好肉汤（或鸡汤）于碗内，佐以肉油或茶油、酱油、味精、姜蒜、辣椒、葱花，待锅水煮沸后放入贡面，待面条变软呈玉色，即可捞出盛入汤碗内，喜醋者加点香醋，然后调匀食用，滑爽柔软，味道鲜美，富有营养，老弱妇孺尤爱食用。

在常山，不同的场合吃贡面，寓意各有不同。如正月初一早晨，家家户户每人都要吃上一碗贡面，称作"新年面"，寓意福气长长，好运连连；男女老少做生日寿辰时要吃贡面，叫"长寿面"，第一碗贡面给寿星先吃，寓意健康长寿，幸福圆满；婚庆、乔迁时要吃贡面，叫"喜庆面"，寓意喜气满屋，顺心如意；新女婿第一次上丈母娘家，也要吃贡面，丈母娘会在贡面下掩藏四个氽鸡蛋（类似荷包蛋），俗称"子鳖面"，人们戏称为"猪栏草铺芋子"，寓意婚姻圆满，好日子长长。

后来，热情好客的常山人将这种礼遇加以延展，亲朋好友一上门，端上一碗热辣辣、油汪汪的贡面，面下铺着两个氽鸡蛋，夹上一筷面，犹如水帘垂挂，丝丝清爽，淡淡清香扑鼻而来，令人垂涎欲滴，入口时柔中带韧，回味无穷。

从饮食营养角度看，贡面烹调方法也大有讲究，可以因人而异，烧煮成各种各样的口味来。比如，用油氽鸡蛋铺底，俗称"子鳖面"，是待客的佳点；以菠菜煮面，称"菠菜面"，吃起来鲜嫩清口，滑而不腻，是老年人的最爱；用肉丝、笋丝（或韭菜）、豆干丝做浇头，称为"三丝贡面"，面鲜味浓，最适合年轻人口味；还有一种"表伤风"面，即偶患风寒，煮面时多加生姜、葱头、干辣椒末，然后连汤带面趁热吃下，盖上棉被蒙头睡下，待闷出汗来即神清气爽，感冒全消。民间还有产妇吃贡面催乳、橘皮面开胃等烹调方法和习俗。

现在，许多城里人都爱跑到乡下，吃上一碗农妇、村姑烧煮的贡面。在煮沸一锅开水的间隙，巧妇们在灶台上放上一溜青瓷碗，依次加入佐料：白如脂的是肉油，香辣通红的是辣椒油，绿油油的是葱花，味精、酱油……佐料放齐，水也在锅内冒着水泡，放入贡面，只需在锅内翻腾片刻，便可起锅。迫不及待地夹上一筷，匆匆吹上一口热气，哧溜溜地吸入嘴里，细腻爽滑，唇齿留香。常山城里的一些高档酒楼也常把贡面作为一道酒后美食端上来，客人吃了既能饱腹又可消酒，深受人们的青睐。

（四）语言和象征符号
寓意长久团聚的细长外形

民间有"送客的饺子，接风的面"的说法，寓意与客人分别的时间希望像饺子一样短暂，与亲友相聚的日子能与面条一样越长越好，于是人们总是把面条做得细长。常山贡面以其外形的洁白细长和味道鲜美著称，经过长期的加工实践形成了一整套独特而复杂、颇为讲究的制作工艺。

二、核心基因提取与评价

基于对材料的全面、深入分析,得出本文化元素的核心基因:"优质营养的原材料""技艺严谨的制作工序""丰富多彩的贡面饮食风俗"。

常山贡面核心文化基因评价依据

评价项目	评价因子	评价依据(特点)	是否
生命力评价	文化基因存续的时间	自出现起延续至今,未曾明显中断	
		自出现起延续至今,但多次衰微、中断后复兴	√
		曾明显衰败,改革开放后开始复兴或历史溯源关键环节缺失,难以考证	
		文化形态主体已灭失,现存部分痕迹	
	文化基因的稳定性	在发展过程中保持相当稳定的状态	√
		在发展过程中存在明显的精神内涵、表现形式剧变	
凝聚力评价	文化基因的凝聚力及社会动员效果	曾广泛凝聚起区域群体的力量,显著推动过社会经济文化的发展	
		曾部分凝聚起区域群体力量,对社会经济文化的发展产生过影响	√
		凝聚过力量,创造过实际的发展动能,但未见对社会经济文化发展产生显著改变	
		仅在历史文献或口耳相传中存在,未见实际介入社会经济发展	

续表

评价项目	评价因子	评价依据（特点）	是否
影响力评价	辐射的范围	具有全国性、世界性的影响力	
		具有长三角区域、浙江省影响力	
		具有市县、乡镇影响力	√
	提炼的高度	已经被古代文人士大夫和当代学者提炼为精神符号和理念理论	
		单纯的样式、造型、工艺技术规范	√
发展力评价	与当代精神追求和价值观念的契合	传统文化基因得到创造性转化、创新性发展；区域革命文化基因被完整继承、广泛弘扬；区域社会主义先进文化基因成为与浙江"三个地"相适应的文化高地	√
		部分转化、部分弘扬、部分发展	
		难以转化、难以弘扬、难以发展	

说明：基因特点评价是对解码出来的基因，根据本《导则》表2的要求，围绕"四个力"逐一对表打"√"，进行定性表述

（一）生命力评价

常山贡面源于传统农耕社会，自成为贡品以后，一部分进贡朝廷，一部分投放市场，成为浙、沪、赣、闽、皖等地的走俏商品。由于种种原因，贡面制作几度衰退，但幸运的是，贡面制作技艺仍广泛分布于常山县各乡镇，球川、青石、招贤等地尤为兴盛。目前，常山县贡面生产形式主要以贡面家庭作坊为主。据统计，常山县约有70余家贡面生产家庭作坊，主要分布在青石镇、球川镇。因此，作为常山贡面的核心基因，"优质营养的原材料""技艺严谨的制作工序""丰富多彩的贡面饮食风俗"自出现起经多次衰微、中断后复兴，在发展过程中保持着相当稳定的状态。

（二）凝聚力评价

常山贡面自古为贡品，千百年来长盛不衰。古老的常山贡面在新时代开始了新的生命旅程，通过几代人的努力，它不仅成为当地农民收入增长的重要渠道和支撑点，也成为常山旅游的一张名片，并逐渐形成闻名遐迩的常山小吃文化。同时，常山贡面以其细而不断的外形、久食不厌的风味，成为面条制品家族中的特色传统产品，不但丰富了人民生活，增强了食品行业的活力，而且通过加工增值，使一批民间制面人得到了经济效益。随着加工规模的扩大，贡面以崭新的包装、优良的品质，进入国内外大中城市的居民家庭。如今贡面作坊遍布全县十余个乡镇，球川镇为贡面制作重镇，全镇的贡面作坊有几十家，贡面成为当地农民致富的重要渠道。因此，其核心基因曾部分凝聚起区域群体力量，对社会经济文化的发展产生过影响。

（三）影响力评价

常山贡面与常山人的生活紧密联系，在常山的民俗生活中留下了特殊印记，贡面的生产和食用在很大程度上丰富了当地的民俗文化，成为常山人心中挥之不去的情结。一句地道的常山方言歇后语"吃索面寻不着头"，就有"借题发挥""理不出头绪""内心纠结""没理由找理由"等多重含义。

2008年，常山贡面制作技艺被列入衢州市第二批非物质文化遗产代表作名录。时至今日，随着时代的变迁和社会经济的发展，常山贡面成为市民餐桌上的一道美味食品，其细腻爽滑的口味、纯粹怡人的面香，得到了越来越多人的青睐。因此，其核心基因具有市县、乡镇影响力。

（四）发展力评价

为了更好地规范和传承贡面制作技艺，常山县出台了《常山贡面生产加工技术规程》和《常山贡面质量安全要求》等地方标准。为了加大对外宣传推介，常山在外地设立了20多个贡面销售网点，有力地推动了常山贡面的生产和销售。如今，常山贡面已成为浙、沪、京、粤、赣、闽等地的走俏商品。

此外，广大文艺工作者以常山贡面为主题，开展摄影、书画、歌舞、诗词等艺术创作活动，舞蹈《贡面情长》先后在常山胡柚文化节、"三山"艺术节、CCTV年度三农人物走进常山等文艺演出中表演,深受好评。因此,其核心基因与当代精神追求和价值观念相契合,具有创造性转化、创新性发展的潜力。

三、核心基因保存

"优质营养的原材料""技艺严谨的制作工序""丰富多彩的贡面饮食风俗"作为"常山贡面"的核心基因,资料保存情况如下:

《常山贡面好劲道》《常山贡面 将阳光拉入面丝的舌尖美味》《情深意长的银丝贡面》等5项文字资料保存于常山县文化基因解码调查组资料库。另外,出版物有历代《常山县志》、《玉山县志》等。

《贡面人生》《常山贡面》等92项图片资料保存于常山县文化基因解码调查组资料库。

《常山贡面制作技艺》视频保存于常山县文化基因解码调查组资料库。

制作贡面的工具等保存于常山县天马镇樊溪村水英索面专业合作社。

大处古建筑群

宋诗之河 常山文化基因

大处古建筑群

芳村镇大处村地处偏僻，山高林茂，整个村庄建于山坳中，至今已有800年历史。据文献记载，唐太常卿郑元寿三十九世孙郑守道，于宋景炎元年自开化旸溪迁居至寿川大处。郑元寿为三国东吴开国公郑平之后、唐代开疆元勋。郑氏迁来此地后，建居宅，造祠庙，修道观，办学堂，铺路搭桥，开荒垦地，繁衍后代，走出一条勤俭耕读、诗礼传家的道路。

在这座小村庄，一条寿源溪穿村而过，粉墙黛瓦、雕梁画栋的徽派建筑是其特点。据考，这些建筑大都建于明清时期，由三桥二坊一祠组成。在大处，古建筑群分布比较集中，均坐落在同一村内，其中三桥同建在流经该村的一条小溪上，相距仅30米左右，桥与坊、祠相距也仅数十米。同时，古建筑群建造年代较早，三桥二坊一祠均建于清乾隆年间，距今已有200多年的历史，其中三桥一坊均有明确纪年文字，郑氏宗祠虽无明确纪年文字，但其建筑风格体现出清乾隆年间的特色。

三座古桥虽然规模不大，但均用青条石砌筑，青石板铺面，造型精致。节孝坊也全用青条石砌筑，坊柱上刻有诗联及建造年月。郑氏宗祠内有戏台，外有两对旗杆石，室内木雕也精细古朴。可见，大处古建筑群不仅造型精致，有较高的艺术价值，而且保存也相当完整。

大处的特色是"古"，实施古村落保护利用，保护是前提，利用是关键，发展是根本。为了走出一条良性循环路子，打造常山"江南水乡风物清嘉的文化名县"，促进群众增收致富，芳村镇请来浙江大学专家进行规划编制。规划围绕"修复优雅传统建筑、弘扬悠久传统文化、打造优美人居环境、营造悠闲生活方式"的目标，编制了《大处历史文化村落保护利用规划》，完成了对9幢明清古民居修复、80幢农房外立面改造、450余米沿寿源溪游步道修建、郑氏大厅重建等多个子项目。

近年来，大处村顺应休闲度假旅游发展趋势，鼓励有条件的村民兴办农家乐，借历史文化村落保护利用的"东风"，引进精品民宿项目，把绿水青山转化为金山银山，助力农户增收致富。2017年1月，大处古建筑群被浙江省人民政府公布为第七批省级文物保护单位，并开展了古村落保护利用项目和房屋外立面改造。

一、要素分解

(一) 物质要素

1. 饱经风霜的郑氏宗祠

大处村里的郑氏宗祠,始建于明代,占地有七八亩,虽经风雨剥蚀和"破四旧"运动的损毁,但村民多次自发集资捐工修缮。村里几百户村民,男性几乎都为郑氏。据该村保存完好的《郑氏宗谱》介绍,他们是三国东吴开国公郑平之后裔,大处郑氏先祖是郑守道,字千一,人称"千一守道公"。郑氏宗祠按中国宗祠传统标准格局,设置了三进三天井,一进为戏台,二进为祭祖厅,三进为祖灵室,是历代大处郑氏祭祀、集会、

娱乐、教学的场所。门口还有两对旗杆石，旗杆石后的门框，雕刻的楹联至今清晰："旗石两轮如日月；铜钱一枚似乾坤。"

2. **历史悠久的三座古桥**

横亘在寿源溪上的三座用青条石砌成的石拱桥让人震撼，这三座桥分别是同善桥、登高桥、乐济桥。同善桥为单孔石拱桥，东西走向，桥面采用青石板铺成回字形，桥壁由青石板干砌而成。该桥桥面宽4.12米，长7.4米，拱高2.6米，拱跨6.5米，成为连接大处上村东西两侧的交通要道。登高桥是郑氏四兄弟出资修建的第二座桥梁，坐落于村东，南北走向，横跨于寿源溪上，桥壁与桥面由青石板干砌而成，桥身为块石浆砌，桥面砌成回字形图案，桥长7米，高3.2米，桥面宽3.15米，拱跨4.9米，拱高2.5米，桥两侧有阳刻碑额，西有六步台阶通向溪西侧民居。乐济桥是四兄弟出资建造的第三座桥，坐落于村南，横跨寿源溪。该桥为东西走向单孔石拱桥，桥面宽3.85米，长5.96米，拱高3.8米，桥面为青石板铺成，正中回字形，桥壁由青石块干砌而成，南北两侧均有碑刻。

3. **保存完好的牌坊建筑**

在大处古建筑群内，有穿梭在石拱桥上、门楼式砖石结构的"圣旨"牌坊，山坳上的宗祠旁边还有保存完好的"节孝坊"牌楼，四柱三间五楼亭式石结构的牌坊经风雨几百年，隐隐约约还可见到坊上刻有对联和建造年月。

4. **红极一时的寿康道院**

在大处村，寿康道院曾红极一时，聚寺、庵、观、庙于一体，集佛、道、儒三教之大成，气势宏伟，厢房数百间。《郑氏宗谱》记载，寿康道院为郑氏五十六世孙朝纶、朝绪、朝纪、朝绅四兄弟遵父遗命，耗银万两建成，四家不仅富有，而且德惠乡邻。寿康道院曾是常山一邑之名胜。

（二）精神要素

1. **甘于奉献、福泽乡里的高尚情怀**

郑元寿五十五世孙郑兆麟生前受世家祖辈影响，好学上进，勤俭持家，与人为善，发誓要让大处人"走路鞋不沾泥，过溪脚不脱鞋"。为实现这一人生愿望，郑兆麟捐银百两，带领族亲连续奋战，历时数年，修建了一条从芳村到大处十余里的石子路。石子路建成了，郑兆麟却患病了，去世前他留下遗训：一是在寿源溪上建桥；二是建造寿康道院。此后，朝纶、朝绪、朝纪、朝绅四兄弟遵照父亲遗训，善谋划、捐银子、带乡邻，开启造桥建院的艰苦历程。

2. 齐心协力、共筹善事的精神

在大处，一条寿源溪贯穿村中，村民之间走动往往是过木桥或竹桥，遇上发洪水的年份，木竹桥就会被山洪冲毁，给大家生产生活造成不便。遵照父亲遗训，四兄弟合计着在寿源溪上建桥。有想法就有行动，四兄弟把建桥的地址选择在村南。石拱桥动工兴建后，众多族亲参与进来，有的协助石匠施工，有的配合泥水匠搅拌砂石灰，更有年轻力壮的自告奋勇到山外去搬运材料。经过持续一年的努力，这桥在大伙的共同努力下建起来了。这是寿源溪上第一座石拱桥，交付使用那天，村里锣鼓震天，爆竹声声，一派喜庆的景象。四兄弟将桥取名为"同善桥"，意思是这件善事是族亲齐心协力一起办成，同时期盼大处族亲世世代代行善事、积善德。

3. "孝、学、俭、善"的家风

翻开《郑氏宗谱》，里面也充满着书香味、仗义情。宗谱记载：郑氏族亲治家有道，家风淳朴，历来提倡"孝""学""俭""善"。孝，就是要孝老爱亲；学，就是家家户户的孩子都要读书；俭，就是要勤俭持家；善，就是要多做好事。这样的治家之道，在族亲里一直延续至今，仍然非常受用。郑氏四兄弟还乐善好施，资助乡邻钱粮，帮助孩子上学，村中的红白喜事，他们也逢场必到。

（三）制度要素

明清风韵的建筑风格

大处村历史悠久，文化底蕴深厚，它古风犹存，这里的一草一木、一墙一砖、一井一塘都记录着明清时期大处古村的建筑风格。在大处村，村中保留着明清以来不同历史时期的民房，砖木结构风格的古建筑群排列整齐，保存完好的还有二十来座。大处村的两座古石牌坊更是建造于清代乾隆、同治年间的"节孝"牌坊，虽经百年风雨，依旧巍然耸立。

二、核心基因提取与评价

基于对材料的全面、深入分析，得出本文化元素的核心基因："饱经风霜的郑氏宗祠""甘于奉献、福泽乡里的高尚情怀""'孝、学、俭、善'的家风"。

大处古建筑群核心文化基因评价依据

评价项目	评价因子	评价依据（特点）	是否
生命力评价	文化基因存续的时间	自出现起延续至今，未曾明显中断	√
		自出现起延续至今，但多次衰微、中断后复兴	
		曾明显衰败，改革开放后开始复兴或历史溯源关键环节缺失，难以考证	
		文化形态主体已灭失，现存部分痕迹	
	文化基因的稳定性	在发展过程中保持相当稳定的状态	√
		在发展过程中存在明显的精神内涵、表现形式剧变	
凝聚力评价	文化基因的凝聚力及社会动员效果	曾广泛凝聚起区域群体的力量，显著推动过社会经济文化的发展	√
		曾部分凝聚起区域群体力量，对社会经济文化的发展产生过影响	
		凝聚过力量，创造过实际的发展动能，但未见对社会经济文化发展产生显著改变	
		仅在历史文献或口耳相传中存在，未见实际介入社会经济发展	

续表

评价项目	评价因子	评价依据（特点）	是否
影响力评价	辐射的范围	具有全国性、世界性的影响力	
		具有长三角区域、浙江省影响力	
		具有市县、乡镇影响力	√
	提炼的高度	已经被古代文人士大夫和当代学者提炼为精神符号和理念理论	√
		单纯的样式、造型、工艺技术规范	
发展力评价	与当代精神追求和价值观念的契合	传统文化基因得到创造性转化、创新性发展；区域革命文化基因被完整继承、广泛弘扬；区域社会主义先进文化基因成为与浙江"三个地"相适应的文化高地	√
		部分转化、部分弘扬、部分发展	
		难以转化、难以弘扬、难以发展	

说明：基因特点评价是对解码出来的基因，根据本《导则》表2的要求，围绕"四个力"逐一对表打"√"，进行定性表述

（一）生命力评价

郑氏迁来此地后，建居宅，造祠庙，修道观，办学堂，铺路搭桥，开荒垦地，繁衍后代。郑氏后人建于明清时期的三桥二坊一祠（同善桥、登高桥、乐济桥、魏氏节孝牌坊、戴氏节孝牌坊、郑氏宗祠）是大处古建筑群的核心，一直保存完好。因此，其核心基因"饱经风霜的郑氏宗祠""甘于奉献、福泽乡里的高尚情怀""'孝、学、俭、善'的家风"自出现起延续至今，未曾明显中断，在发展过程中保持着相当稳定的状态。

（二）凝聚力评价

郑氏迁来此地后，走出了一条勤俭耕读、诗礼传家的道路。他们主动带头捐资兴建的桥梁道路，便利了民众出行和日常生

活，促进了村内外的沟通交流。在文化教育上，他们建立宗祠、学堂，促进了民风教化，提高了年轻一代的文化水平。因此，其核心基因曾广泛凝聚起区域群体的力量，显著推动过社会经济文化的发展。

（三）影响力评价

历代郑氏后人修建了从芳村到大处十余里的石子路，在寿源溪上建三桥、建寿康道院等，为芳村作出了较大的贡献。同时，郑氏族亲家风淳朴，历来提倡的孝、学、俭、善治家之道在族亲里一直传承延续至今，对大处村乃至周边地区的民风起到了良好的引导作用。因此，其核心基因具有市县、乡镇影响力。

（四）发展力评价

800多年来，郑氏以一族之力为同乡修路造桥、兴学办教，推动了大处村经济、文化的发展，留下了发人深省的历史故事和宝贵的精神财富。该村历史文化积淀深厚，村中古桥、古牌坊、古祠堂、古树、古道一应俱全。2017年，浙江省人民政府公布大处古建筑群"三桥二坊一祠"为省级文物保护单位。同时，省建设厅公示该村为"浙江省第一批省级传统村落"。当地通过古村落保护利用项目，合理、有效利用各级奖补配套资金，不断推动大处古村落保护利用工作，为大处古建筑群的发展打下了坚实的基础。因此，其核心基因得到创造性转化、创新性发展。

三、核心基因保存

"饱经风霜的郑氏宗祠""甘于奉献、福泽乡里的高尚情怀""'孝、学、俭、善'的家风"作为"大处古建筑群"的核心基因,资料保存情况如下:

《深藏山中的明清遗韵》《大处古建筑群》《大处古桥兄弟情》等文字资料保存于常山县文化基因解码调查组资料库。

《大处古建筑群》《大处村俯瞰》等 20 项图片资料保存于常山县文化基因解码调查组资料库。

同善桥、登高桥、乐济桥、魏氏节孝牌坊、戴氏节孝牌坊、郑氏宗祠等建筑物位于常山县芳村镇大处村。

方文彬故居和傥溪桥

宋诗之河 常山文化基因

方文彬故居和觉溪桥

距上水三弄巷口约 50 米，有一条狭弄与法院街相通，两条小弄交界处形成一个相对开阔的所在，常山县历史上的知名公益人物方文彬的故居便建于此处。方家老宅始建于清光绪年间，最早先建起后进，经数次扩建，形成主体建筑加北侧附房再加后花园的格局。主体建筑为典型的徽派风格，坐西朝东，占地约 380 平方米，三进三开间，平面呈纵长方形。建筑屋顶为硬山顶，马头墙，阴阳合瓦，穿斗式结构。建筑墙体上部用青砖，抹白灰，下部用红砂石质条石铺砌。走进故居，沿中轴线自东向西，依次为门厅、前天井、正厅、天井、中进、

后天井、后进。天井四周檐下牛腿雕刻自鸣钟、花瓶等图案，正厅明间悬挂"尚义家风"匾。

清咸丰年间，民间反清运动进入高潮。咸丰末年，方文彬的家乡徽州饱受战乱之苦。年幼而生计无着落的方文彬孤身一人流落到了衢州，被一家豆腐作坊收留下来做了帮工。同治初年，掌握豆腐制作工艺的方文彬来到常山，在县城开起了属于自己的豆腐店。他有着与生俱来的经济头脑，小有积蓄的他开始购置田地，租给无地可种的农民，逐渐成为常山一大富户。家境殷实的方文彬觉得常山父老乡亲对他有再造之恩，因此遇到穷苦人家来买豆腐时，他不但不收钱，还时常以钱物接济。

清光绪二十九年（1903），他为常山造了一座桥梁——傥溪桥。龙绕溪长年水流湍急，到了雨季，山洪暴涨，致使渡船难以摆渡，来往行人只得隔河相望，常被滞留，当地民众生产生活受到严重影响。修建一座横跨南北的桥梁，是众心所盼。自明朝开始，官方和民间就开始筹款修桥。光绪《常山县志》记载："明弘治间，分守吴纪、知县王锡建浮桥于其上。正德初，知县王惟菜改建石桥，嘉靖末圮。隆庆间，里人魏诰等重建，国朝乾隆二十一年又圮。邑人王锡黻、邵志谦等倡捐募建……五十七年复圮其半，湖东樊见恒、见圣改建石堍桥，道光间改建木桥，咸丰七年旋改石桥，复圮。"湍急的河水，让溪上的桥梁屡建屡毁，石桥木桥轮番交替。为了让父老乡亲有往来两岸的交通便利，方文彬夫妇决定出资再次兴建。

然而，新建的傥溪桥在卷拱时不幸被洪水冲毁。看着心血付诸东流，方文彬遂忧郁成疾，卧床不起，但他还是令人抬着他察看工地。病危时，方文彬把妻儿召集到跟前，嘱咐道："我只身来常，创成家业，未为乡里办过公益大事，造桥是修心积德的好事，望你们造好此桥，慰我亡灵。"方文彬去世后，其妻翁雪姣承夫遗志，卖去家中良田五百亩，耗尽家财，历时四年终于建成傥溪桥，为当地的老百姓做了一件功德无量的大事。

后来，方文彬建傥溪桥的故事在常山流传，并被赋予传奇色彩。故事中，方文彬在常山县城北门街开豆腐店，为做大生意，经常把豆腐挑到湖东、何家、龙绕等地出售。当时，傥溪桥还是一座浮桥，往来极不方便。一日，方文彬去乡下卖完豆腐准备回城，正走在浮桥上之时，突然乌云蔽日，洪水猛涨，狂风四起。一时间，浮桥好似波涛之中的一片树叶，瞬间将被掀翻，随时都有葬身河底的危险。方文彬惊慌失措，紧紧地趴在桥板上，抬头对着上苍祈祷："老天爷老天爷，如果你今天留我方文彬这条命，我日后发达了，就在此建一座石拱桥。"话音刚落，云散、雨停、风住、水落。方文彬大惊，但心里明白，这是上天的旨意，让他必须在此建桥。此后，方文彬豆腐店的生意十分兴隆，不出几年，家财渐丰的他便践行自己当时的承诺，建造倪溪桥。倪溪桥通行后，方文彬遗孀翁雪姣又在桥头建一关帝庙，雇人长住庙中，守护修理桥面。这是常山史志记载中唯一的守桥人。

进入民国时期，倪溪桥见证了时代的沧桑巨变。1942年6月9日，日本侵略者占领常山县城。次日，一队日本兵从县城出发，经过倪溪桥一路烧杀抢掠到何家乡璞石村，并杀死躲在石洞里的三十多位当地村民。在回常山县城再次经过倪溪桥时，已经闻知日军暴行的村民纷纷躲进山中，倪溪桥由此见证了日本军国主义的残暴行径。

1949年5月4日下午，中国人民解放军16军47师139团的前哨到达开化县的华埠镇，继而跨过倪溪桥，直扑常山县城，不费一枪一弹，解放了常山。离休干部陈修杭撰写的一份文史资料显示，当年作为进步青年的陈修杭在绣溪中心小学教书，时任中共衢州中心支部和武装委员会成员的地下党员毛以成让他进入常山县城，为迎接常山解放做准备工作。接到通知后，陈修杭连夜从何家乡进城。那个夜晚，没有月亮，四周一片漆黑。经过倪溪桥时，陈修杭突然被解放军哨兵拦下，经过仔细盘问后，才让他过关。倪溪桥作为解放军一路南下的一个交通关卡，其战略意义十分重大，解放军专门抽调一个排的兵力守桥，防止国民党部队破坏。

据倪溪桥的守桥人徐氏一家回忆，解放军139团下属一个连的连部就设在他们家里，徐家人不仅为解放军提供食宿，还利用对常山地形熟悉的便利，为部队提供力所能及的帮助。因此，倪溪桥和徐氏一家为常山的解放立下了汗马功劳。

随着时代的发展,倪溪桥的作用更加凸显。1986年,坚固稳定的倪溪桥作为坦克通道,协助部队圆满地完成了军事训练。作为一座公路桥梁,倪溪桥一直使用到20世纪90年代初。如今,方文彬和翁雪姣这对伉俪感恩图报、诚实守义的精神永远扎根在常山,在三衢大地一代又一代地传承下去。

一、要素分解

（一）物质要素

1. 历史悠久的儇溪桥

儇溪桥，又名明川桥，坐落在湖东上埠龙绕溪与常山港的交汇处。该桥为南北走向，全长57米，桥宽7.6米，桥高8.5米，系四孔石拱桥，桥墩用红砂条石错缝平砌，拱券用条石纵联砌置，每孔净跨12.8米，桥墩迎水方向呈菱形分水尖，桥面高于墩面2.2米，是常山现存的桥拱最多的古桥。

2. 规模庞大的方文彬故居

方文彬故居坐西朝东，正屋为四进三开间三天井四合院式

建筑。第一进为前厅，第二进正厅前廊带卷棚，第三进第四进结构因内部改建被分隔。该屋约建于清光绪年间，为常山富户方文彬所建。方文彬出资建造倪溪桥后，县令为奖励他，为其屋题字"尚义家风"。该建筑用料考究，为徽派风格建筑，规模较大，是目前常山县天马街道范围内具有代表性的古民居，具有一定的历史文物价值。

（二）精神要素

1. 知恩图报的尚义家风

早年贫困潦倒、后来成为常山富户的方文彬知恩图报，以自己的行动报答常山父老乡亲。遇到穷苦人家来买豆腐时，他不但不收钱，还时常以钱物接济。他见到倪溪上的木桥年久失修，数次出钱雇人修葺。后来，为了一劳永逸地解决问题，给乡邻带来便利，他留下五百亩良田作为造桥经费。不幸的是，桥梁数次被洪水冲倒，方文彬郁积成疾，大病不起，在弥留之际，他心里仍牵挂着工程进度，还留下遗嘱要求妻子翁雪姣和儿子们一定要把桥造好。他的善举体现出知恩图报的尚义家风。

2. 勤劳厚道的守桥人精神

据徐家族谱记载，方文彬寡妻翁雪姣雇徐坤元为守桥人。徐坤元是上埠村民，世代躬耕，勤劳厚道。徐家人开荒垦地，狩猎打鱼，虽然日子过得困顿清苦，但能够守护倪溪桥，也常常引以为荣。徐坤元自从当了守桥人之后，细心观察，时时巡视，不许他人对桥有丝毫的损害。倪溪桥作为连通县城的重要门户与枢纽，南来北往的行人常在此停留休息、躲雨避风，敦厚的徐家人不仅端茶搬凳接待路人，而且还在桥头广种香樟、石榴、柿子等树木，以供路人纳凉。当年，倪溪桥及守桥的徐家人，已经成为当地一处独特的人文景观。徐坤元亡故后，虽然已经没有了当年的护桥协约，但徐家后人依然自觉地承担起护桥的责任。徐坤元儿子徐水根，练就一身远近闻名的捕鱼绝活。据徐家后代介绍，徐水根之所以要学捕鱼，一者为养家糊口，二者为随时划船至倪溪桥下，全面掌握桥的细微变化。徐水根离世后，他的三个儿子以及子孙后辈也没有放弃对桥的守护。正是有了徐家几代人的精心看护，倪溪桥至今依然巍然耸立。

（三）语言和象征符号[1]

坚固稳定的古桥形象

1986年9月17日至11月5日，中国人民解放军某部在常山县进行"311"战役演习。10月22日上午，部队在湖东、何家、同弓、狮子口、阁底等乡镇范围内进行实战演习，装备有五九式坦克、一〇七、一三〇火箭炮和一三〇加农炮。当时，多辆五九式坦克要经过倪溪桥，五九式坦克重量接近40吨，部队指挥员担心倪溪桥难以承重，但要让坦克进入演习的预定位置，必须经过倪溪桥。为了保险，部队在桥面上铺设了几块钢板，当五九式坦克隆隆地从倪溪桥上经过时，桥身纹丝不动，协助部队圆满地完成了军事训练。

---

[1] 马朝虎：《风雨倪溪桥》，《今日常山》2014年6月28日，第4版。

二、核心基因提取与评价

基于对材料的全面、深入分析,得出本文化元素的核心基因:"历史悠久的倪溪桥""规模庞大的方文彬故居""知恩图报的尚义家风"。

方文彬故居和倪溪桥核心文化基因评价依据

评价项目	评价因子	评价依据(特点)	是否
生命力评价	文化基因存续的时间	自出现起延续至今,未曾明显中断	√
		自出现起延续至今,但多次衰微、中断后复兴	
		曾明显衰败,改革开放后开始复兴或历史溯源关键环节缺失,难以考证	
		文化形态主体已灭失,现存部分痕迹	
	文化基因的稳定性	在发展过程中保持相当稳定的状态	√
		在发展过程中存在明显的精神内涵、表现形式剧变	
凝聚力评价	文化基因的凝聚力及社会动员效果	曾广泛凝聚起区域群体的力量,显著推动过社会经济文化的发展	
		曾部分凝聚起区域群体力量,对社会经济文化的发展产生过影响	√
		凝聚过力量,创造过实际的发展动能,但未见对社会经济文化发展产生显著改变	
		仅在历史文献或口耳相传中存在,未见实际介入社会经济发展	

续表

评价项目	评价因子	评价依据（特点）	是否
影响力评价	辐射的范围	具有全国性、世界性的影响力	√
		具有长三角区域、浙江省影响力	
		具有市县、乡镇影响力	
	提炼的高度	已经被古代文人士大夫和当代学者提炼为精神符号和理念理论	√
		单纯的样式、造型、工艺技术规范	
发展力评价	与当代精神追求和价值观念的契合	传统文化基因得到创造性转化、创新性发展；区域革命文化基因被完整继承、广泛弘扬；区域社会主义先进文化基因成为与浙江"三个地"相适应的文化高地	√
		部分转化、部分弘扬、部分发展	
		难以转化、难以弘扬、难以发展	

说明：基因特点评价是对解码出来的基因，根据本《导则》表2的要求，围绕"四个力"逐一对表打"√"，进行定性表述

（一）生命力评价

据方文彬后人介绍，方家老宅始建于清光绪年间。最早先建起后进，经数次扩建，形成主体建筑加北侧附房再加后花园的格局。新中国成立后，方文彬故居的主体建筑保存完好，仍归方家后人所有，其后花园由政府统一管理分配，现部分用于银行宿舍，部分用于民宅。方文彬出资建造的倪溪桥历经百年风雨仍然保存完好。同时，方家老宅正厅明间悬挂"尚义家风"匾，方家建桥的历史故事在当地广泛流传。因此，其核心基因"历史悠久的倪溪桥""规模庞大的方文彬故居""知恩图报的尚义家风"自出现起延续至今，未曾明显中断，在发展过程中保持着相当稳定的状态。

（二）凝聚力评价

倪溪桥扼浙皖交通之咽喉，也是湖东、何家、同弓、龙绕、球川等地村民往返于县城的必经之地。历史上的文人骚客行经这里时，留下了众多诗风墨韵，特别是暮春初夏时节，颇有"梅子黄时日日晴，小溪泛尽却山行。绿阴不减来时路，添得黄鹂四五声"的意境。可见，倪溪桥在常山县的经济、文化发展史上占据重要的地位，同时，出资修建倪溪桥的方文彬一家的故居和修桥故事代代传承，将尚义家风传承至今。因此，其核心基因曾部分凝聚起区域群体力量，对社会经济文化的发展产生过影响。

（三）影响力评价

倪溪桥的建造，不仅极大地改善了交通条件，还确立了常山"八省通衢、两浙首站"的战略地理位置。根据古代"五里一驿"的格局，早年间的倪溪桥北岸曾建有一座凉亭，供南来北往行人歇息、避雨。因此，倪溪桥在当地的经济文化社会生活中具有重要影响力，建桥者方文彬的故居及其建桥背后的精神动力——"尚义家风"亦对常山地区形成了影响力。因此，其核心基因已经被古代文人士大夫和当代学者提炼为精神符号和理念理论，具有很大的影响力。

（四）发展力评价

1913年，常山至开化公路开辟后，倪溪桥改为公路桥。新中国成立后，205国道仍然从倪溪桥上经过，为新中国的经济建设发挥了重要作用。1986年，坚固稳定的倪溪桥作为坦克通道，协助部队圆满地完成了军事训练。作为一座公路桥梁，倪溪桥一直使用到20世纪90年代初。后来，因公路改道，在距倪溪桥50米之外又建造了一座水泥桥，倪溪桥与水泥桥平行横跨龙绕溪上，被誉为"双桥"，成为一道"双虹卧碧波"的独特风景。1994年1月12日，倪溪桥被常山县人民政府公布为县级文物保护单位。同时，方文彬和翁雪姣这对伉俪感恩图报、诚实守义的精神如常青树，永远扎根在常山。因此，三大核心基因和现代价值观念相契合，具有创造性转化、创新性发展的潜力。

三、核心基因保存

"历史悠久的倪溪桥""规模庞大的方文彬故居""知恩图报的尚义家风"作为"方文彬故居和倪溪桥"的核心基因，资料保存情况如下：

《方文彬故居——常山"尚义家风"发祥地》《方文彬故居和倪溪桥》《风雨倪溪桥》等4项文字资料保存于常山县文化基因解码调查组资料库。

《方文彬住宅东北角外观》《倪溪桥》《郑氏宗祠》等17项图片资料保存于常山县文化基因解码调查组资料库。

倪溪桥位于常山县金川街道上埠村，方文彬故居位于常山县天马街道屏山社区上水三弄。

洪氏斋公拳

宋诗之河　常山文化基因

洪氏斋公拳

常山洪氏斋公拳在常山县已有130多年的传承历史。第一代传承人为洪斋公，于清光绪年间随父一起逃难来到常山县同弓乡山边村。洪斋公身材魁梧，胡须挂胸，武功高强，为人谦恭。据传，他的父亲是福建东禅少林寺俗家弟子，也有传是洪秀全的部下，兵败后父子携手外逃，见同弓乡的洪氏宗祠，于是决定安顿在这同姓的村落。

洪斋公父子为人十分真诚，加之练就了一身武艺，落脚洪氏宗祠后深得洪氏族长的信任，于是被推荐到本乡的新庙管理香火，成为"斋公"。为感恩当地人的深情厚谊，父子俩便在当地传授武功。几年后，父亲因病离世，洪斋公专心于新庙事业和带徒授艺，终身未娶。在众多弟子中，数洪顺美和余守忠两人学得最精。洪氏斋公拳在常山流传至今已有六代。

第五代传承人洪文达从小练习祖传的洪氏斋公拳。从 2012 年开始，为了将这项乡土武术发扬光大，洪文达在挖掘与研究斋公拳的基础上整编了《洪氏斋公拳》教材，同时先后受聘担任衢州职业技术学院、常山县第一小学和常山县紫港中学武术指导老师。

近年来，洪氏斋公拳学徒已超过千人，其武术队经常受邀出席本县各类大型活动展演，同时在赴外参加各级武术比赛中也取得了优异的成绩。可以说，推广洪氏斋公拳有利于弘扬地方武术文化，让更多人体验民间武术的魅力，营造全民健身的良好氛围。

一、要素分解

（一）物质要素

1. 历史悠久的洪氏宗祠

金川洪氏宗祠，于清雍正八年（1730）破土动工，在光化、光谢、光月、光法等公的倡议和身体力行下，历尽艰辛，于乾隆初建成，县令赠送"克敦族谊"匾列于寝庙，其后多次修缮。清道光丁亥年（1827），因世远年湮，白蚁蛀坏，宗祠在文学、奕霸等公牵头下翻新，时人称："画栋雕梁、刻桷丹楹、巍峨挺峙、焕然丕新。"1850 年，宗祠被焚，见铨公出首会集族众翻修。1874 年，发生了风灾，宗祠倒塌，族众仍邀请见铨公总理钱粮进行重修。历经风雨，洪氏宗祠已经成为城北方向重要的标志性地名，其后因种种原因宗祠再度失理，成为断垣残壁。2016 年，经本族子弟共同努力，大致遵循原有式样重修。

2. 祖传的拳诀和武器

洪氏斋公拳第五代传承人持有《洪氏斋公拳诀》一册，《洪氏斋公拳诀》内容包括：1 套"梅花枪"枪诀；1 套"长板凳"花诀和桩马功法、近身御法、伤药剂方；2 套"四合棍""青龙穿山棍"棍诀；3 套"八卦梅花步""连手拳""黑虎白鹤拳"等；另有"破四门""斋公铜""五虎连环拳"等套路。其中，"八卦梅花步"独具特色，具有重要的文化研究价值和历史传承价值。洪氏斋公遗留长棍一根、长枪一根、双锏一对。

(二) 精神要素
1. 注重传承的武术传统

洪氏斋公拳注重后继人才的培养和武术的传承，自斋公起至今已传承六代，传承谱系不断壮大，在常山社会各界已形成近千人的习武规模。在"2012中国·常山武术邀请赛"比赛中，洪氏斋公拳选手鲁军获一等奖。在"2013中国·常山民间武术表演赛"活动中，洪氏斋公拳团队获得活动组织奖。在"2015常山全民运动会"比赛中，洪氏斋公拳选手洪文干、鲁军分别获得器械二等奖和拳术一等奖。2016年6月3日至5日，由洪氏斋公拳第五代传承人洪文达率领的衢州职

业技术学院洪氏斋公拳武术队，参加了"2016年浙江省大学生武术锦标赛"，获得第一名1人、第二名2人、第三名1人、第四名3人、第五名1人的好成绩。2016年11月4日至6日，由洪氏斋公拳第五代传承人洪文达率领常山县第一小学武术队，参加"2016中国·普陀国际武术比赛"，14人获得金牌，2人获得银牌。

2. 礼让为先的武德

打斋公拳须先行礼，右手握拳，左手施掌，代表习武人的德行和礼仪。在拳术技法中，斋公拳充分体现"礼让为先"的武德品质。如"连手拳"中的第一招是以挑手避开拳击，第二招是以溜刮手化解擒拿，第三招才出拳反击；如"黑虎白鹤拳"中的第一招是以白云盖顶连环手，作为上挡拳击下格脚踢，第二招才出现黑虎连环爪还击；再如"八卦梅花步"中第一招是以阴阳掌抵挡直面攻击，第二招还是以阴阳掌抵挡直面攻击，第三招才出现子午靠还击。所谓"武者当礼让为先"的品格都在拳路上一一体现。因此，洪氏斋公拳可以很好地弘扬地方武术礼仪，让更多的人体验民间武术的特殊魅力，营造和谐礼让的社会氛围。

（三）制度要素

1. 丰富的拳术套路

现存的一部《新庙洪氏斋公拳诀》中记载的拳术有"八卦梅花步""连手拳""黑虎白鹤拳"等套路及"桩马功法""近身御法"，还有"四合棍""青龙穿山棍""长板凳""梅花枪"等主要器械套路，另有"五虎连环拳""破四门""斋公锏"等套路在极少数福建籍"六干人"中活态传承，未见文字记载。

洪氏斋公拳系列中的"连手拳"在打法上有"路径直线，左右兼顾，步步惟实，招招连手"的特点，颇有外家拳之霸气。"黑虎白鹤拳"，以练形为主，也是外家拳法。这套拳在打法上表现为虎鹤交替，随势应变，有"虎生威风，爪爪凶猛，鹤显精灵，啄啄犀利"的风格。洪氏斋公拳系列中的"八卦梅花步"体现的是内家拳。

这套拳在打法上为阳面起势，阴面收势，步伐沉稳，手法简练，要求习者"脚踩梅花步，手转阴阳掌，沉胯落腰，摆肩旋肘，吞吐有节，内力滚涌"。整个套路中央开步，环卦走圆。

2.刚劲勇猛的拳术风格

斋公拳具南拳之刚猛，亦存洪拳之风格，其套路演练以"吞、吐、浮、沉"来调养身心。拳术重在桩马基础练习，有四平马、丁子马、子午马、三步马、五步马等，桥手以虎爪、剪手为主。练习时要求桩马坚固，桥手扎实，调气催劲，力贯全身，呼出声亮，气势磅礴。实战时要求根基沉稳，攻守严谨，出手快捷，发力刚猛，一招制敌，观赏性与实战性兼备。

二、核心基因提取与评价

基于对材料的全面、深入分析，得出本文化元素的核心基因："注重传承的武术传统""礼让为先的武德""丰富的拳术套路"。

洪氏斋公拳核心文化基因评价依据

评价项目	评价因子	评价依据（特点）	是否
生命力评价	文化基因存续的时间	自出现起延续至今，未曾明显中断	√
		自出现起延续至今，但多次衰微、中断后复兴	
		曾明显衰败，改革开放后开始复兴或历史溯源关键环节缺失，难以考证	
		文化形态主体已灭失，现存部分痕迹	
	文化基因的稳定性	在发展过程中保持相当稳定的状态	√
		在发展过程中存在明显的精神内涵、表现形式剧变	
凝聚力评价	文化基因的凝聚力及社会动员效果	曾广泛凝聚起区域群体的力量，显著推动过社会经济文化的发展	√
		曾部分凝聚起区域群体力量，对社会经济文化的发展产生过影响	
		凝聚过力量，创造过实际的发展动能，但未见对社会经济文化发展产生显著改变	
		仅在历史文献或口耳相传中存在，未见实际介入社会经济发展	

续表

评价项目	评价因子	评价依据（特点）	是否
影响力评价	辐射的范围	具有全国性、世界性的影响力	
		具有长三角区域、浙江省影响力	
		具有市县、乡镇影响力	√
	提炼的高度	已经被古代文人士大夫和当代学者提炼为精神符号和理念理论	
		单纯的样式、造型、工艺技术规范	√
发展力评价	与当代精神追求和价值观念的契合	传统文化基因得到创造性转化、创新性发展；区域革命文化基因被完整继承、广泛弘扬；区域社会主义先进文化基因成为与浙江"三个地"相适应的文化高地	
		部分转化、部分弘扬、部分发展	√
		难以转化、难以弘扬、难以发展	
说明：基因特点评价是对解码出来的基因，根据本《导则》表2的要求，围绕"四个力"逐一对表打"√"，进行定性表述			

（一）生命力评价

常山洪氏斋公拳在常山县已有130多年的传承历史，至今已经传承六代，传承谱系不断壮大，在常山社会各界形成了近千人的习武规模，在常山地区、浙江省内具有良好的传承基础和习武者规模。因此，其核心基因"注重传承的武术传统""礼让为先的武德""丰富的拳术套路"通过斋公拳的传承，一直延续至今，未曾明显中断，文化基因形态保持稳定。

（二）凝聚力评价

清朝末期，洪氏父子来到常山传授武艺，对当地武术文化产生了深远的影响，在历代传承过程中，当地形成了习武尚德的风尚。如今，常山社会各界开展了武术展演节、斋公拳武术培训、斋公拳展馆建设等工作。因此，洪氏斋公拳推动了当地经济和文化发展，其核心基因能够广泛凝聚起区域群体的力量，推动社会经济文化的发展。

（三）影响力评价

近年来，为传承和推广地方传统特色武术文化，同弓乡充分发挥武术健身功能，激发全民习武的热情。在第五代洪氏斋公拳代表性传承人洪文达的潜心挖掘和辛勤执教下，洪氏斋公拳在各项比赛和展示活动中崭露头角。洪氏斋公拳在扩大常山对外文化、经济交流与合作，促进常山经济社会发展等方面发挥了重要作用。2015年，洪氏斋公拳被列为衢州市非物质文化遗产代表性项目，成为常山县传承与弘扬民族文化的一朵奇葩。可见洪氏斋公拳在常山县影响力深远，其核心基因具有市县、乡镇的影响力。

（四）发展力评价

随着改革开放的步步深入，我国社会经济呈现出一派繁荣的景象，武术文化也成为国家软实力的一种表现，而民间武术是传统文化里不可缺少的宝贵资源。常山洪氏斋公拳这一民间传统武术是历史流传下来的一种武学文化。其核心基因与当代精神追求和价值观念相契合，能够较好地转化、弘扬、发展。

三、核心基因保存

"注重传承的武术传统""礼让为先的武德""丰富的拳术套路"作为"洪氏斋公拳"的核心基因，资料保存情况如下：

《浅谈彤弓拳的溯源、挖掘与弘扬》《洪氏斋公拳》《洪氏斋公拳谱》《常山县第一小学武术教材》《紫港中学武术选修课教材》《衢州职业技术学院武术选修课教材》等文字资料保存于常山县同弓乡山边村洪氏宗祠。

《洪氏斋公拳攻防技艺》等 20 项图片资料保存于常山县文化基因解码调查组资料库。

《洪氏斋公拳》纪录片保存于常山县文化基因解码调查组资料库。

拳诀、传承武器保存于常山县同弓乡山边村洪氏宗祠。

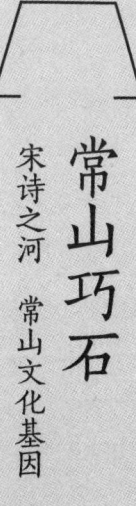

常山巧石

宋诗之河 常山文化基因

常山巧石

据史料记载，常山自古多奇石。宋代庄绰《鸡肋编》载："撅于衢州之常山县南私村，其石皆峰岩青润，可置几案，号为巧石。乃以大者，叠为山岭，上设殿亭。"可见早在北宋，常山巧石就盛名远扬。明永乐年间，常山巧石中的石笋石凭借修长的外形和淡雅的气质，与翠竹搭配成"竹石"造型，移入故宫御花园至今。北京颐和园"十二生肖石"中的蛇石，也取材于常山石笋石。常山巧石中的三衢石，与太湖石形成了鲜明的对比，不但具有"瘦、皱、漏、透"的特点，而且具有象形逼真、气势恢宏的个性。

常山巧石主要产自浙江省衢州市常山县城外南门溪、青石镇、辉埠镇一带。巧石种类多样，可为观赏石、盆景、叠石景观。"赏石艺术"的技艺手法可分为五步骤，即为采集、相石、置景、题名、景观，讲究石头的造型、纹理、色彩、质地等自然要素与意韵、命题、赋诗、配座、置景等人文要素完美结合。

近年来，常山县围绕"赏石艺术"，成功创建"中国观赏石之乡"，全力推进"赏石小镇"建设，致力于常山巧石技艺的保护、培养制作技艺传承人队伍、建立传承保护示范遗存基地、建设中国观赏石博物馆、建设常山巧石景观带等。同时，常山县积极举办赏石节活动、"常山石"论坛，将常山巧石技艺融入产业发展、旅游开发等，达到推广国家级非遗——"赏石艺术"的目的。

常山县巧石技艺和宋"花石纲"、明"砚瓦洞"赏石遗迹共同构成了常山县文化和旅游的金名片，是传承、保护、发展当地文化品牌以及促进当地经济发展的重要载体。

一、要素分解

（一）物质要素

1. 量质俱佳的巧石资源

钱塘江水系流经常山段50多千米，水流湍急，水域宽广，大小支流密布，山势陡峭。水域两侧矿产资源丰富，已探明矿产多达30多种，加上常年雨量充沛，四季分明，在漫长的地质演变过程中形成了不同矿物系列的矿体和岩石。其中，母岩在亿万年无数次的撞击、热胀冷缩、风化、水体搬运、太阳曝晒等自然因素下形成了丰富多彩的巧石。巧石石种丰富多样，可细分为金纹石、麻筋石、梨皮石、类长江石、类九龙壁石、黄蜡石、木化石、钟乳石、白蜡画面石、南溪石等。巧石以"奇、珍、希、美"著称，以形质取胜，石质大多黝黑温润，参差透漏，尤以象形居多。矿物颗粒微细，多呈定向排列，岩性微密、细腻，颜色大部分为浅黑和黑色，也有从浅绿到深绿的颜色，或青灰，色调均匀、美观，色差不大。其形态瘦挺内聚，造型轻巧，婀娜多姿。其结构空灵剔透，幻象无穷。其肌理凹凸有致，褶皱明显。体量小的可供于几案，体量大的可用于叠制假山和庭院营造。北宋徽宗时，上至王公贵族，下至黎民百姓，均以品赏"巧石"为时尚。精美的常山石往往令人百看不厌，爱不释手。

2. 历史悠久的巧石开采遗址

砚瓦洞遗址坐落在常山县青石镇砚瓦山村，是明代浙江西砚开采遗址。洞中所产砚石石质细腻坚实，色泽多样，所制西砚贮水不耗，发墨而不损毫，久用锋芒不退，在明代曾被列为贡品。花石纲遗址位于常山县南门溪，是宋徽宗时期开采"常山巧石"的遗迹。《鸡肋编》载："上皇（宋徽宗）始爱灵璧石，既而嫌其止一面，遂远取太湖。然湖石粗而太大，后撅于衢州之常山县南私村，其石皆峰岩青润，可置几案，号为巧石。"《云林石谱》中也有关于常山石的记载。

3. 规模庞大的常山赏石小镇

常山赏石小镇位于浙江省常山县青石镇，于2015年6月入围浙江省首批37个特色小镇创建项目名单，成为我国首个以"赏石文化"为主题的特色小镇。小镇总规划用地4600亩，由17个项目组成，包括中国观赏石博览园、奇石加工园、东方巨石阵、石林公园、奇石物流园、宇华景观园、油石园、石雕展示园、石文化产业带、底铺赏石商业街、赏石品柚旅游综合体、石乡民宿旅游接待区、"石之城"水上乐园、艺石时空、赏石集镇提升工程、十里柚香街、赏石亲水生态景观带等。

（二）精神要素
以石会友的生活情趣

如今，随着物质生活的富足，提升精神层面的意愿变得强烈。老百姓家里，客厅茶几上、书架上都会摆放一方赏石，以讲求"以石会友，石来运转"的生活情趣，因此，赏石也成了人们的生活习惯。常山巧石图案清晰，色彩对比度高，石形端庄，质地坚硬，具备了优质赏石的所有特征，是中国观赏石界的一支生力军。

（三）制度要素
成熟的巧石加工技艺

经过几十年的发展，常山石产业已经形成了一条非常完整的产业链，包含采石、搬运、雕刻、制作、销售等流程，常山成为名副其实的"中国观赏石之乡"。常山巧石加工流程包括捡石或购石、石头清洗、石头构思配木底座、题名配诗、背景搭配、灯光显示等。

（四）语言和象征符号
丰富多彩的石面图案和纹理

常山矿产资源丰富，水系发达，水与石的冲刷和碰撞造就了独一无二的精美石头。每方巧石上有像人物的、动物的、山水的、文字的、花草的图案或纹理，既有具象的，也有抽象写意的，加之人们的丰富想象，生活中的景观、物品都能在巧石上找得到影子。石中有诗，石上有画，诗情画意，是天人合一的艺术形式。

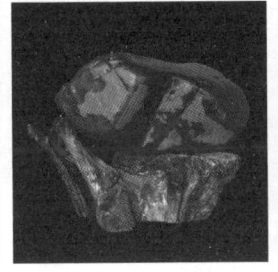

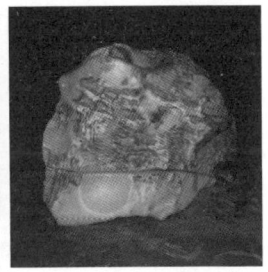

二、核心基因提取与评价

基于对材料的全面、深入分析，得出本文化元素的核心基因："量质俱佳的巧石资源""以石会友的生活情趣""成熟的巧石加工技艺"。

常山巧石核心文化基因评价依据

评价项目	评价因子	评价依据（特点）	是否
生命力评价	文化基因存续的时间	自出现起延续至今，未曾明显中断	√
		自出现起延续至今，但多次衰微、中断后复兴	
		曾明显衰败，改革开放后开始复兴或历史溯源关键环节缺失，难以考证	
		文化形态主体已灭失，现存部分痕迹	
	文化基因的稳定性	在发展过程中保持相当稳定的状态	√
		在发展过程中存在明显的精神内涵、表现形式剧变	
凝聚力评价	文化基因的凝聚力及社会动员效果	曾广泛凝聚起区域群体的力量，显著推动过社会经济文化的发展	√
		曾部分凝聚起区域群体力量，对社会经济文化的发展产生过影响	
		凝聚过力量，创造过实际的发展动能，但未见对社会经济文化发展产生显著改变	
		仅在历史文献或口耳相传中存在，未见实际介入社会经济发展	

续表

评价项目	评价因子	评价依据（特点）	是否
影响力评价	辐射的范围	具有全国性、世界性的影响力	√
		具有长三角区域、浙江省影响力	
		具有市县、乡镇影响力	
	提炼的高度	已经被古代文人士大夫和当代学者提炼为精神符号和理念理论	
		单纯的样式、造型、工艺技术规范	√
发展力评价	与当代精神追求和价值观念的契合	传统文化基因得到创造性转化、创新性发展；区域革命文化基因被完整继承、广泛弘扬；区域社会主义先进文化基因成为与浙江"三个地"相适应的文化高地	√
		部分转化、部分弘扬、部分发展	
		难以转化、难以弘扬、难以发展	

说明：基因特点评价是对解码出来的基因，根据本《导则》表2的要求，围绕"四个力"逐一对表打"√"，进行定性表述

（一）生命力评价

巧石艺术之风在常山自古盛行：宋徽宗偏爱常山县南门溪产的"巧石"；明清时期，常山石被请入皇家园林，堆叠盆景假山；新中国成立以来，常山赏石艺术更是达到了新高度。20世纪80年代至今，常山赏石人以捡石、买石、赏石等探索石文化活动为乐，涌现出徐高荣、刘群、刘锋等一批优秀赏石艺术家。常山县政府连续在中国常山石博园景区开办了多次全国性石展，推广常山石文化，扩大常山石国际知名度。因此，常山巧石文化和技艺得以传承，其核心基因"量质俱佳的巧石资源""以石会友的生活情趣""成熟的巧石加工技艺"自出现起延续至今，未曾明显中断，在发展过程中保持着相当稳定的状态。

（二）凝聚力评价

常山巧石技艺是常山文化史上的重要元素，也是常山人脱

贫致富的重要路径。从20世纪80年代开始，常山巧石技艺通过融入产业发展，带领了一批农民发家致富。在常山县青石镇砚瓦山村，几乎每户都有人从事常山巧石技艺，2021年村里石产业年交易额近2亿元，带动50%村民就业，村民的生活水平得到大幅度提升。与此同时，常山民间赏石蔚然成风，"赏石艺术——常山巧石"传承人队伍不断壮大，从事石产业的经营者达7000余人，全县观赏石呈现跨越式发展的良好态势，将有力推动该县省级文化先进县的创建和百亿特色石产业的培育。因此，常山巧石在地域文化、经济的发展上占有重要地位，其核心基因曾广泛凝聚起区域群体的力量，显著推动过社会经济文化的发展。

（三）影响力评价

经过几十年的发展，常山县成了远近闻名的园林石材的集散地。常山以"柚都石城"为发展定位，以青石镇砚瓦山村为中心，利用沿国道、省道的十里长廊，建立了华东地区最大的青石花石专业市场，来自全国各地的观赏石、名石、奇石、巨石、怪石不约而同地在这里汇聚，造就了名副其实的"石头宝库"。2008年，常山获得了"中国观赏石之乡"的金字招牌，常山石头遐迩闻名。因此，常山巧石享誉国内，其核心基因具有全国性的影响力。

（四）发展力评价

近年来，常山石产业在观赏石技艺的文化与创意上寻找新的突破口，由单一的开放性场地采集原石，逐渐向贴近客户需求，融入现代生活，卖象形石、寓意石转变，同时向延伸传统技艺产业链条，借助设计、配饰、园林建设一条龙服务转变，向建造个性展览馆，实现"观赏石艺术"精品展示展销一体化转变，向实施筑巢引凤，建设专业化观赏石市场转变，同时涌现了一大批观赏石产业领军人物。学习和探索观赏石艺术，有助于人们培养"尊重自然，热爱自然"的观念，自然捡石过程可以强身健体，提高生命活力。观赏石艺术还可以提高人们的综合素养，促进沟通交流，提升人们生活质量。因此，其核心基因与当代精神追求和价值观念相契合，具有创造性转化、创新性发展的潜力。

三、核心基因保存

"量质俱佳的巧石资源""以石会友的生活情趣""成熟的巧石加工技艺"作为"常山巧石"的核心基因,资料保存情况如下:

《常山赏石小镇:全国首个赏石文化主题小镇》《诗意赏石,慢城常山》《论浙江常山青石镇石文化的特色发展》等6项文字资料保存于常山县文化基因解码调查组资料库。另外,出版物有《云林石谱》《常山巧石秀天下》《常山历史文化丛书》《一本书读懂常山人文》《人文常山》《常山地名故事》《常山观赏石》《赏石品柚》《常山石文化研究》等。

《东方巨石阵——常山巧石技艺作品》《常山巧石技艺传承人作品》等20项图片资料保存于常山县文化基因解码调查组资料库。

常山东方巨石阵位于浙江省衢州市常山县青石镇,巧石作品位于常山县青石镇砚瓦山村、中国观赏石博览馆。

【万寿十六道素食制作技艺

宋诗之河　常山文化基因

万寿十六道素食制作技艺

万寿十六道素食制作技艺，指的是常山万寿寺的十六道素食传统烹饪、制作技艺。万寿素食就地取材，以黄冈苋菜、笋干、青椒、白萝卜等食材为主要原料，包含万寿青椒笋干、苋菜干、特色水晶饺、石锅豆腐、八宝菜等16道特色菜肴。

万寿寺位于常山县何家乡，始建于唐大中十年（856），周边风景优美、历史悠久、自然和人文资源丰富，与常山十景之一的石门佳气相距不远。寺庙所在的黄冈山，挺拔奇秀，是国家级森林公园，素有"天然氧吧"之称，2015年成为国家AAA级旅游景区。

相传唐末五代桂琛禅师从小天资聪慧，非常喜欢万寿素食。10岁时，他被常山容车寺住持无相收为徒，剃度修行。之后，他不管去哪方佛寺，都对万寿八宝菜等万寿素食情有独钟，常常吩咐厨房烧制这些菜品。

万寿十六道素食，含粗纤维较多，能促进胃肠蠕动，增强消化功能，具有一定的营养价值，而且万寿十六道素食烹饪手法传统，味道鲜美，符合现代人的口味和养生追求。

万寿十六道素食使用的食材基本取材于周边农村，且这些菜肴在当地群众中比较受欢迎。目前，常山县政府致力于万寿十六道素食制作技艺的保护和传承工作，其总体规划如下：

2021年，完成搜集整理制作工艺材料，形成一套包括实物和影像在内的较为完整的记录资料。2022年，落实技艺传承和保护挂靠单位。2023年，建立传承基地，培养人才，确立新一代传承人，建立传承培训中心，向市民、餐饮业推广。2024年，推动万寿十六道素食走入大酒店，成为旅游产品，扩大对外宣传，提高知名度。2025年，开发旅游产品，让产品从街头走向大市场。同时，当地将建立健全一系列保障措施，成立开发创新科研小组，健全传承人奖励机制，推动建立万寿十六道素食的宣传展示机制。

一、要素分解

（一）物质要素

1. 天然的植物食材

万寿十六道素食采用天然的植物作为食材主料与辅料，包括小米辣、干红椒、姜片、蒜、面粉、白豆腐、鲜红椒、糯米粉、橙面、大米、山茶油、苋菜干、红萝卜、油豆腐、千张、香干、冬菜、笋、石磨豆腐、球川豆腐、酸菜等几十种材料。

2. 历史悠久的万寿寺

何家乡是常山美食之乡，历史悠久，常山县的前身定阳县的县治就在定阳乡三冈（今何家乡琚家、金家一带）。江南古刹万寿寺位于何家乡黄冈山。光绪《常山县志·寺观》记载："万寿庵，在县北三十五里黄冈山。久圮。明隆庆年间，僧募建。国朝康熙四十五年，僧立如、天植重建。咸丰十一年，被毁。同治六年，僧卓然率智勤募捐建。"万寿庵即今万寿寺。万寿禅素食文化悄然兴起。

3. 朴素典雅的餐具

在万寿寺，常见的素菜餐饮器皿有金属器具、陶瓷餐具、茶具酒器、玻璃器皿，种类有碗、碟、杯、壶等用具。用餐器具形制典雅，质地朴素，体现出修行者天然质朴的精神追求，亦体现出素食亲近、回归自然之意。

4. 丰富的营养成分

万寿十六道素食中,粗纤维较多,粗纤维虽不是营养物质,但却是人体健康所必需的,因为纤维素能促进胃肠蠕动,增强消化和排泄功能,使身体代谢的废物很快排出体外,减少人体对有毒物质的吸收,降低发病率,而且部分纤维素还能在肠道细菌的分解下合成B族维生素,如肌醇、泛酸等,容易被人体吸收利用。

(二) 精神要素
"五谷为养、五果为助"的饮食理念

《黄帝内经》等医书中记载古人"养、助、益、充"的饮食观念,提倡"五谷为养、五果为助",并视素食为一种美德。万寿素食就地取材,以黄冈苋菜、笋干、青椒、白萝卜等食材为主要原料,制成万寿青椒笋干、苋菜干、特色水晶饺、石锅豆腐、八宝菜等16道特色菜肴。相传唐末五代桂琛禅师从小"日一素食,出言有异",非常喜欢万寿素食。

(三) 制度要素
1. 全面而系统的菜品

万寿十六道素食菜品包含冷菜、主食、点心、热菜四大门类。冷菜共两道,包括万寿自制腌萝卜、万寿凉拌臭豆腐;主食、点心三道,包括万寿豆腐饼、万寿特色水晶饺、万寿培糕;热菜种类较为丰富,共十一道,包括万寿苋菜干、万寿青椒笋干、万寿八宝菜、万寿石锅豆腐、万寿神仙豆腐、万寿芋艿青菜、万寿石磨豆泥、万寿桂花年糕、万寿猴头菇莲子汤、万寿油豆腐与水笋、万寿千张。

2. 简易、健康的烹饪方式

万寿十六道素食烹饪方式较为简易,既保留了食材的原味和营养,又丰富了菜品的色香味。冷菜的制作,多采用简单的凉拌、腌制。主食的烹制,则多用自然发酵、山茶油煎制、清蒸等方式。热菜的制作亦遵循同样的道理,多采用清炒、清水炖煮等方式。简易的烹饪方式使食材保存了原有的风味,同时又具有少盐、少油、多纤维的特点,有益于食客的健康。

3. 以家族为传承纽带

万寿十六道素食制作技艺以家族为传承纽带。在万寿寺制作素食菜肴的,经查有三代。第一代为樊家男,生于清代或民国时期。第二代为樊樟有、邓春花夫妇。第三代为樊根华、

龚爱文夫妇。目前代表性传承人为龚爱文。龚爱文为常山县青石镇飞碓村人，从师婆婆邓春花学得手艺，在黄冈山万寿寺制作素食菜肴。

（四）语言与象征符号

万寿十六道素食

万寿十六道素食主要特征是：以时鲜为主，清幽素净；烹饪技艺主要在于色、香、味；花色繁多，制作考究。

1. 冷菜

（1）万寿自制腌萝卜

主料：白萝卜；辅料：小米辣、干红椒、姜片。

制作方法：白萝卜切条，加入小米辣、干红椒、姜片、玫瑰米醋及调料，腌制24小时即可。

（2）万寿凉拌臭豆腐

主料：臭豆腐；辅料：红椒、姜、蒜。

制作方法：臭豆腐用冷开水洗净，加入红椒、姜、蒜及调料拌好即可。

2. 主食（点心）

（1）万寿豆腐饼

主料：面粉、白豆腐；辅料：鲜红椒。

制作方法：将面粉揉成均匀面团，按1∶2的比例装入制作好的馅料，捏成球，再用擀面杖擀成正反面薄饼形，用山茶油煎至两面金黄至熟即可。

（2）万寿特色水晶饺

主料：糯米粉、橙面；辅料：芫菜、肉末。

制作方法：将糯米粉、橙面揉成均匀面团，按1∶2的比例装入制作

好的馅料,捏成花边形入蒸箱蒸 8 分钟即可。

(3)万寿培糕

主料:大米;辅料:夹心肉末、山茶油。

制作方法:大米和水浸泡大约 1 天,泡胀为止。酒糟和泡好的大米加水拌入桶中,用石磨磨成浆,但酒糟米浆不要太浓,再将磨制好的米浆放入桶中发酵,发酵到有一个个小气泡即可,然后放入蒸笼,在蒸之前撒上馅料,蒸 15 分钟左右即可。

3. 热菜

(1)万寿苋菜干

主料:苋菜干;辅料:咸肉片、蒜。

制作方法:苋菜干、咸肉片放入锅中,再加纯净水和调料小火炖制 20 分钟即可。

(2)万寿青椒笋干

主料:笋干;辅料:土青椒、紫苏。

制作方法:笋干浸泡好切丁,土青椒切丁,锅烧热倒入山茶油,加入笋干、土青椒、紫苏及调料翻炒片刻即可。

(3)万寿八宝菜

主、辅料:白萝卜、白萝卜丝干、红萝卜、油豆腐、千张、香干、冬菜、笋。

制作方法:将主料全部切丝,锅烧热倒入山茶油,再放入切好的所有

食材煸炒熟即可。

（4）万寿石锅豆腐

主料：石磨豆腐；辅料：大蒜、红椒。

制作过程：锅烧热倒入山茶油，加入石磨豆腐及调料和清水烧制6分钟即可。

（5）万寿神仙豆腐

主料：球川豆腐；辅料：酸菜。

制作过程：锅烧热倒入山茶油，加入清水，等清水烧开放入调料，再加入米豆腐和酸菜，炖制5分钟即可。

（6）万寿芋艿青菜

主料：芋艿；辅料：青菜。

制作方法：芋艿用高压锅压熟去皮，锅烧热倒入山茶油，加入青菜煸炒，放入芋艿及调料小火烧8分钟即可。

（7）万寿石磨豆泥

主料：青豆。

制作方法：青豆加纯净水用石磨磨成泥，锅烧热倒入山茶油，加入豆泥及调料用小火烧10分钟即可。

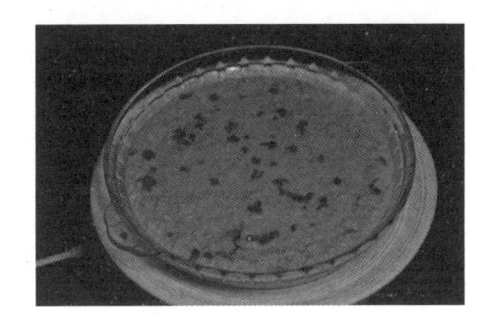

（8）万寿桂花年糕

主料：年糕；辅料：桂花。

制作方法：年糕切片，锅烧热倒入山茶油，加入少许纯净水和白糖，加入年糕翻炒5分钟，撒上桂花即可。

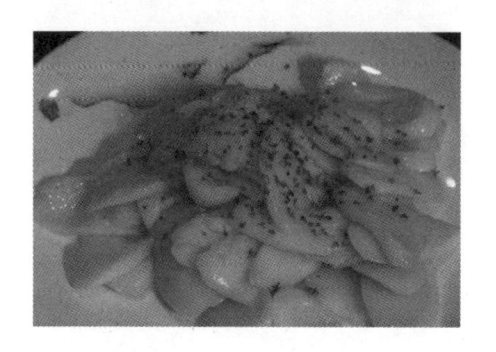

（9）万寿猴头菇莲子汤

主料：猴头菇；辅料：莲子。

制作方法：猴头菇洗净切片，莲子去心。锅烧热倒入山茶油，加入纯净水及调料烧开，放入猴头菇、莲子，炖制25分钟即可。

（10）万寿油豆腐、水笋

主料：油豆腐、水笋；辅料：干辣椒。

制作方法：将已清洗好的水笋放在案板上切开；烧锅倒油烧热，下入切开的水笋翻炒；接着，合入油豆腐翻炒一下；然后，搁入干辣椒，加适量的清水和生抽、白糖、盐，调味煮开；最后，煮至汤汁差不多了，即成。

（11）万寿千张

主料：千张；辅料：小青菜、辣椒。

制作方法：把千张切成粗丝，小青菜切成寸段，辣椒切成丝；锅烧热入油，加入辣椒、千张，炒入味，倒入开水，盖上盖子烧一会儿；放入小青菜烧开，加入盐、香油出锅。

二、核心基因提取与评价

基于对材料的全面、深入分析，得出本文化元素的核心基因："天然的植物食材""'五谷为养、五果为助'的饮食理念""简易、健康的烹饪方式"。

万寿十六道素食制作技艺核心文化基因评价依据

评价项目	评价因子	评价依据（特点）	是否
生命力评价	文化基因存续的时间	自出现起延续至今，未曾明显中断	√
		自出现起延续至今，但多次衰微、中断后复兴	
		曾明显衰败，改革开放后开始复兴或历史溯源关键环节缺失，难以考证	
		文化形态主体已灭失，现存部分痕迹	
	文化基因的稳定性	在发展过程中保持相当稳定的状态	√
		在发展过程中存在明显的精神内涵、表现形式剧变	
凝聚力评价	文化基因的凝聚力及社会动员效果	曾广泛凝聚起区域群体的力量，显著推动过社会经济文化的发展	
		曾部分凝聚起区域群体力量，对社会经济文化的发展产生过影响	√
		凝聚过力量，创造过实际的发展动能，但未见对社会经济文化发展产生显著改变	
		仅在历史文献或口耳相传中存在，未见实际介入社会经济发展	

续表

评价项目	评价因子	评价依据（特点）	是否
影响力评价	辐射的范围	具有全国性、世界性的影响力	
		具有长三角区域、浙江省影响力	
		具有市县、乡镇影响力	√
	提炼的高度	已经被古代文人士大夫和当代学者提炼为精神符号和理念理论	
		单纯的样式、造型、工艺技术规范	√
发展力评价	与当代精神追求和价值观念的契合	传统文化基因得到创造性转化、创新性发展；区域革命文化基因被完整继承、广泛弘扬；区域社会主义先进文化基因成为与浙江"三个地"相适应的文化高地	√
		部分转化、部分弘扬、部分发展	
		难以转化、难以弘扬、难以发展	

说明：基因特点评价是对解码出来的基因，根据本《导则》表2的要求，围绕"四个力"逐一对表打"√"，进行定性表述

（一）生命力评价

万寿十六道素食制作技艺起源已不可考，有据可查的、在万寿寺制作素食菜肴的，经查有三代。因此，这项技艺一直延续至今，其核心基因"天然的植物食材""'五谷为养、五果为助'的饮食理念""简易、健康的烹饪方式"自出现起延续至今，未曾明显中断，且在发展过程中保持着相当稳定的状态。

（二）凝聚力评价

万寿十六道素食历史渊源深厚，它源于《黄帝内经》等医书中"养、助、益、充"的饮食观念，提倡"五谷为养、五果为助"的饮食宗旨。樊根华、龚爱文夫妇是万寿十六道素食制作技艺第三代传承人。在黄冈山，素食在当地群众和游客中极受欢迎。素食推动、促进了当地农业、餐饮、旅游业的发展。

因此，其核心基因曾部分凝聚起区域群体力量，对社会经济文化的发展产生过影响。

（三）影响力评价

万寿寺位于常山县何家乡，历史悠久，自然和人文资源丰富。唐末五代时期，万寿寺桂琛禅师非常喜欢"万寿素食"，由此万寿素食逐渐成为当地餐饮文化的典型。如今，万寿十六道素食通过传统烹饪手法制作，味道鲜美，符合现代人的口味和养生追求，在黄冈山景区及周边农家乐广为流传。因此，其核心基因具有市县、乡镇影响力。

（四）发展力评价

万寿素食中含粗纤维较多，粗纤维虽不是营养物质，但却是人体健康所必需的。同时，万寿寺素食有利于人体吸收植物脂肪、蔬菜中的碱性物质和维生素等，有调节血液和汗腺代谢的功能，可加强皮肤营养，多吃素食对身体大有裨益。因此，深厚的文化底蕴、良好的市场前景赋予万寿素食极强的发展潜力，其核心基因已经得到创造性转化、创新性发展，与当代精神追求和价值观念相契合。

三、核心基因保存

"天然的植物食材""'五谷为养、五果为助'的饮食理念""简易、健康的烹饪方式"作为"万寿十六道素食制作技艺"的核心基因,资料保存情况如下:

《万寿十六道素食》等文字资料保存于常山县文化基因解码调查组资料库。

《万寿桂花年糕》《万寿猴头菇莲子汤》《万寿千张》等20项图片资料保存于常山县文化基因解码调查组资料库。

各类食材原料、工具、餐具均保存于常山县何家乡黄冈山。

"浙江文化基因丛书"后记

浙江濒海多山，古为百越之地，地少民贫。先民断发文身，披荆斩棘，筚路蓝缕，艰苦创业，卧薪尝胆，徐图自强，始稍为中原所识。山海情怀，越地长歌，独特的地理人文环境孕育出浙江艰苦奋斗、励精图治、百折不挠、勇攀高峰的地域文化性格和兼容并包、发展创新的人文精神。因以鸟虫篆、《越人歌》为表征的楚越文化交融和徐偃王流亡越地、勾践北上争霸等历史事件的发生，越地逐渐融入中原文明。及至东晋衣冠南渡，中原贤良缙绅避乱会稽，兰亭雅集、永嘉诗会，王谢风流所及，中原文化和越文化相互碰撞融合，这片神奇的土地在吸收大量中原先进文化基础上，生发出更多独具特色、丰富璀璨的文化颗粒，散点分布于浙江的山山水水之间。

隋唐以降，一条大运河通到钱塘，凡所流经之县域，皆成人文渊薮。浙东唐诗之路，如明珠嵌璧；越窑青瓷，千峰翠色风靡长安。浙江依托这条水上"高速公路"迅速崛起，在经济高效快速地融于全国的同时，也向全国展现了别样精彩的浙江文化，对中原产生巨大影响。唐末五代中原战乱之际，吴越国钱王保境安民，举世惶惶而越地独安，浙江又一次成为全国士子避祸传学之地，浙江的原生文化和中原文化水乳交融，极大地提高了浙江的人文学术水平。及至南宋定都临安（今浙江杭州），孔裔迁衢，杭州乃至浙江逐渐成为中华文化传承发展中心、全国的文化学术高地。有元一代，人文日渐凋敝，而浙江独领风骚。湖州赵孟頫成为有元一代赓续中华文脉之砥柱。赫赫有名的"元四家"，黄公望（常熟人，曾隐居富春）、王蒙（湖州人，曾隐居临平）、吴镇（嘉兴人，曾卖卜钱塘）、倪瓒（无锡人，曾浪迹太湖）在学习传承赵孟頫的文化艺术精髓基础上，各显其能，自成面目，为传承发展中华文化艺术作出了卓越贡献。明清以来，浙江士林，更为全国翘楚，文化勃兴，领袖群伦。浙江文脉渊深，有容乃大，继承发展，才俊迭起。事功之学、阳明心学、浙东学派、南戏越剧、《古文观止》、丝瓷茶剑、西泠印社、兰亭雅集等，更是中华文化中耀眼的明珠。浙东音声，渐如潮涌；黄钟大吕，照灼云霞。

晚清时期，中华危亡。辛亥鼎革，浙江文化所孕育的优秀儿女更是为中华千古未有之变局作出了重要贡献，秋瑾、徐锡麟、蔡元培、章太炎、鲁迅等，允文允武，可歌可泣，数不胜数。为全面赶上世界发展，全省各地掀起了重视文教事业、培养人才、发展经济的高潮。各类藏书楼、图书馆、新式院校纷纷创设，浙江人又一次发扬卧薪尝胆、奋力赶超的浙江精神，使浙江成为当时全国省域文化发达、人才众多的省份。

新中国成立后，浙江人励精图治，无论干部还是群众，都本着务实精神，立足现状，踔厉前行。即便在"文革"时期，浙江的经济、文化发展水平都显著好于其他兄弟省市，这和浙江人文内核的务实精神和文化基因的原生动力息息相关。改革开放以来，浙江更是勇做弄潮儿，充分发挥"四千精神"，培养人才，发展经济，以全国陆域较少、自然资源缺乏的省份，一举成为名列前茅的文化大省、经济强省。

历数千年，浙江以落后的山林草野原生文化，不断与吴楚和中原文化交融互鉴，融合创新，发展壮大，绝非历史偶然。浙江以其独特的文化基因和历史面貌正引起国内外专家学者的广泛兴趣，以期通过对浙江文化的研究来更好地理解中华文明，为中华文明的伟大复兴寻径探源，通过解析全省多点、散点分布的各类文化颗粒和文化价值观、文化形态、文化载体，系统研究、条分缕析在地文化基因和独特的文化原动力。构建中国文化基因理念体系，挖掘文化遗产背后蕴含的哲学思想、人文精神、价值观念、道德规范，是一项新课题、新任务。浙江在推动高水平文旅融合、建设共同富裕示范区的进程中，以解码文化基因为切入点，为构建中国文化基因理念体系提供地方经验。

研究浙江文化基因，就是对披着传统文化外衣的各类庸俗低俗的迷信活动加以甄别，科学分析，正本清源。以挖掘、激活浙江的优秀文化基因为抓手，推进文旅深度融合；有机整合乡村文化礼堂、农家书屋、场馆院团、城市书房等城乡文化资源，丰富群众文化活动。拓展新型公共文化空间，持续推动优质文化资源直达基层。为人民群众创造一个良好的文化大环境，强化文化自觉和文化自信；为浙江文化高质量传承发展厘清路径，为新时代浙江发展优秀的社会主义先进文化打好基础。文化兴则国运兴，文化强则民族强。文化基因的研究以及激活应用是浙江建设文化强省的重要切入点，是民智之本、百年大计。

我们要深入学习贯彻党的二十大精神和习近平文化思想，全面挖掘和激活浙江文化基因，推动新时代中国特色社会主义文化建设。以高质量发展为目标、融合发展为重点，紧扣激活优秀文化基因、提供优秀文化产品这个中心，厚植浙江经济社会发展文化软实力。

2024年1月，全省宣传思想文化工作会议提出，要全面贯彻习近平文化思想。浙江作为文化大省，肩负起新时代文化使命，在优秀传统文化的传承发展领域开展了积极的探索。我们要不断学习贯彻习近平总书记关于中华优秀传统文化的重要论述和关于文明交流互鉴的重要论述，让文化基因的研究成果走入校园、走进课堂，成为鲜活的爱国主义教育载体、生动的"课程思政"教育实践、开放的当代青少年国际视野素养培育抓手。将浙江文化基因研究成果制作成微视频"浙江文化基因"课程（双语），通过教育信息技术实现从碎片到整体、从实地到课堂、从单一到系列的MOOC/SPOC转换，实现浙江文化基因在青少年群体中的代际传递，助力文化基因融入当代、植根青年，实践出一条富有浙江特色的文化传承发展新路径，为中国"培养社会主义建设者和接班人"这一宏伟目标服务。

若有所成皆非易，凝心聚力要躬行。各地课题组在当地乡土专家和各地高校文史专家的鼎力协助下，进深山到大海，调研足迹遍布海滢山陬。通过田野调查、走访座谈、查阅历史卷宗、参考海量文献，历时五年形成的研究成果，凝聚了全省各地众多专家学者和乡土文化耆老的心血，他们为浙江的文化事业作出了很大贡献。致敬他们文化溯源的热忱，学习他们极深研几的精神，真诚感谢他们无私奉献的情怀。由于篇幅有限，涉及面广，无法一一详列参与者，在此一并致谢！

吴　越
甲辰年秋于杭州